U0100460

大展好書　好書大展
品嘗好書　冠群可期

大展好書 好書大展
品嘗好書 冠群可期

老拳譜新編27

練打暗器秘訣

金倜生 著

大展出版社有限公司

26, 4, 15.
(20002)
翻印必究
版權所有

練打暗器秘訣（全二冊）

實價國幣12.00
外埠酌加郵匯費

編著者　蘇省金倜生
出版者　上海武俠社
印刷者　中西書局
發行所　中西書局總店　上海望平街中市
台灣特約所（嘉義）蘭記圖書局

△各省中西書店均有分銷▽

策劃人語

本叢書重新編排的目的，旨在供各界武術愛好者鑒賞、研習和參考，以達弘揚國術，保存國粹，俾後學者不失真傳而已。

原書大多為中華民國時期的刊本，作者皆為各武術學派的嫡系傳人。他們遵從前人苦心孤詣遺留之術，恐久而湮沒，故集數十年習武之心得，公之於世。叢書內容豐富，樹義精當，文字淺顯，解釋詳明，並且附有動作圖片，實乃學習者空前之佳本。

原書有一些塗抹之處，並不完全正確，恐為收藏者之筆墨。因為著墨甚深，不易恢復原狀，並且尚有部分參考價值，故暫存其舊。另有個別字，疑為錯誤，因存其真，未敢遽改。我們只對有些顯著的錯誤之處做了一些修改的工作；對缺少目錄和編排不當的部分原版本，我們根據內容進行了加工、調整，使其更具合理性和可讀性。有個別原始版本，由於出版時間較早，保存時間長，存在殘頁和短頁的現象，雖經多方努力，仍沒有辦法補全，所幸者，就全書的整體而言，其收藏、參考、學習價值並沒有受到太大的影響。希望有收藏完整者鼎力補全，以裨益當世和後學，使我中華優秀傳統文化傳承不息。

為了更加方便廣大武術愛好者對老拳譜叢書的研究和閱讀，我們對叢書做了一些改進，並根據現代人的閱讀習慣，嘗試著做了斷句，以便於對照閱讀。

由於我們水平有限，失誤和疏漏之處在所難免，敬請讀者予以諒解。

練打暗器祕訣

上海武俠社出版

序言

技擊之術，本為我國古代所創始，亦唯我國特有長技，練之非但可以防身禦侮，小而言之，亦足以鍛鍊體魄，強身益壽。唯自重文輕武風開，而技擊之道，遂之日益凌替，其間不絕者亦僅如縷，昔日我武維揚之堂堂強國，寖至而淪為文弱之邦，言之實可痛心。

降至近代，歐化東漸，新學盛行，事事模仿歐人，學校中遂有體操一科之設，亦以鍛鍊體魄，強國必先強種為號召。然考其法，雖亦可藉以舒暢筋絡，流動血脈，僅為衛生上之輔助，若謂習此即可以變孱弱為強壯，則我未見其可也。而考其提創體操，而置中國固有之技擊於腦後之故，則不外乎喜新厭故之心理所造成。故我嘗謂中國武術之不振，前則誤於重文輕武，後則誤於模仿西人，實為最大之原因，殊可歎也。

近數年來，國人既憬悟於重文輕武之非，又知模仿他人之誤，有志之士，對於中國固有之武術，加以提倡，奔走呼號，不遺餘力。又經當局者獎掖，各地國術館之設也，各種武化之宣傳也，蓬勃湧現，不絕如縷之武術，至此始呈中興氣象，如久病垂絕之人，忽遇良醫，而生機漸轉，實足令人欣喜欲狂，而額手相慶也，唯以武術漸興之故。關於此道之書籍，亦應運而生，如雨後春筍，觸目皆是，其間切於實用者固多，而借武術之美名，欺人漁利者，亦屬不少。

予雖不武，然自幼輾轉北方各處，所見甚多，得有抄本，即轉錄之；聞人轉述，即筆錄之，故前曾出抄本《易筋經》、《八段錦》等付印，以供初學者之用，後又以各種軟硬功夫之練習法，加以編次，而有練軟硬功之刊行，以為練功者自習之指導，雖不敢自誇為盡善盡美，顧淺顯明白，不費解索，而所列各種法則，完全可以實習成功，較諸彼紙上空談，不能練習者，猶稍勝一籌也。唯學拳者必須練功，而旁及雜技，即北諺所謂「打拳不練功，到老一場空者」也。至於雜技，即各種暗器之法，蓋亦學武者必備之技。

練功之術，既就所知者錄之，刊行於世，而暗器既與有相等之價值，亦曷可以無書？故就予所知者記之，使愛好武事者，可以按書自習，而成武術之全才。或曰：「射遠殺人，今之手槍，不較利取；攻城克敵，今之快炮，不較猛耶。子猶屑屑於暗器，而見不及此，抑何頑鈍腐舊耶，編此書實多事矣。」斯言也，未始無理，然不能認完全合理。何則？蓋手槍大炮為一物，各種暗器為又一物，不能以既有手槍大炮，即不准有各種暗器，亦猶人食米飯果腹，即不准再食豆麥等物果腹也，天下有是理乎？且保存古代遺法，亦我人分內之事。各種暗器，在武術史上，亦有相當之價值，又未嘗不可用之於今日，在此提倡武術之時，謂不宜記述，不宜練習耶？況一槍之值，須數十金，不如暗器之價廉；一炮之重，垂數百斤，亦非一夫之力所能舉，實不及暗器之便利。若以手槍亦列入雜技中則可，若因有手槍之後，即廢各種暗器則不可也。

至於學武之人，拳法功夫練成之後，似亦足以應敵，而必旁及暗器者何也？蓋天下之事，往往不能逆料，如與人為敵，我技不逮彼，危急存亡，在於眉睫，若能暗器，即可藉以制敵，而轉危為安。非然者必不能生。又若敵眾我寡，圍攻周匝，急欲脫身而不得。若以暗器傷數人，圍亦可解。此等事固人所難免，而不能預防者也。且無論何人，多一種技術，即多占一分便宜，寧學而不用，卻不能不學，拳法功夫之外，而必旁及暗器者，即此意也。

或又曰：「學武技者，只許明槍交戰，而不許暗箭傷人。暗器雖足以制敵，終為陰陽敗德之物，又何必學乎？」此亦不能免俗之論也，無論何種殺人之利器，要在用得其正。同一刀也，盜用之則為殺人劫貨之具，兵用之則為戡亂除暴之物。

暗器一物，亦何外此？況乎此物皆在必不得已時而始用之，或途逢積寇，必欲擒之；或已遇強敵，不能脫險；或與人馳逐，遠距難及，始借暗器之力而制勝，非濫用以臨敵也，陰險敗德云乎哉？揆諸多學一技，多占一分便宜之例，暗器正不可不學也。良以刀劍槍棍等物，相距稍遠，即不能及，若暗器者，百步之內，一丈之外，皆可信手發出，力量亦甚不弱，其功效誠非刀劍槍棍等物所能及也。

予之編此書者，一則提倡中國固有之武術，一則使愛好此道者，不必尋師問友，而多學幾種技術，以備不時之需。若謂欺世盜名，惑人漁利，則非所敢知。

所記之法，共三十有六，皆蒼頭歸甘壽門斗徐貴，及其友周祥生所口述，茲數人者，皆精於武事，予之得窺武術門徑者，三人之力為多。後居歷下，從先師陳鳳山遊，所得尤多，非僅口述，且曾涉獵。南歸廿載，以人事倥傯，不復能求深造，回憶往昔，與歸徐等談論武事，終宵不倦時，不覺感慨係之矣。偶檢敗篋，則昔日所記之鱗爪，猶有存者，因慨夫打暗器之法，世無專書，可供自習，乃理其關於此道者，略加編次，付之梓人，以公同好，並記數語，序於卷首。

中華民國二十一年初夏清和月中旬

虎邨 金倜庵 自序

練打暗器秘訣目次

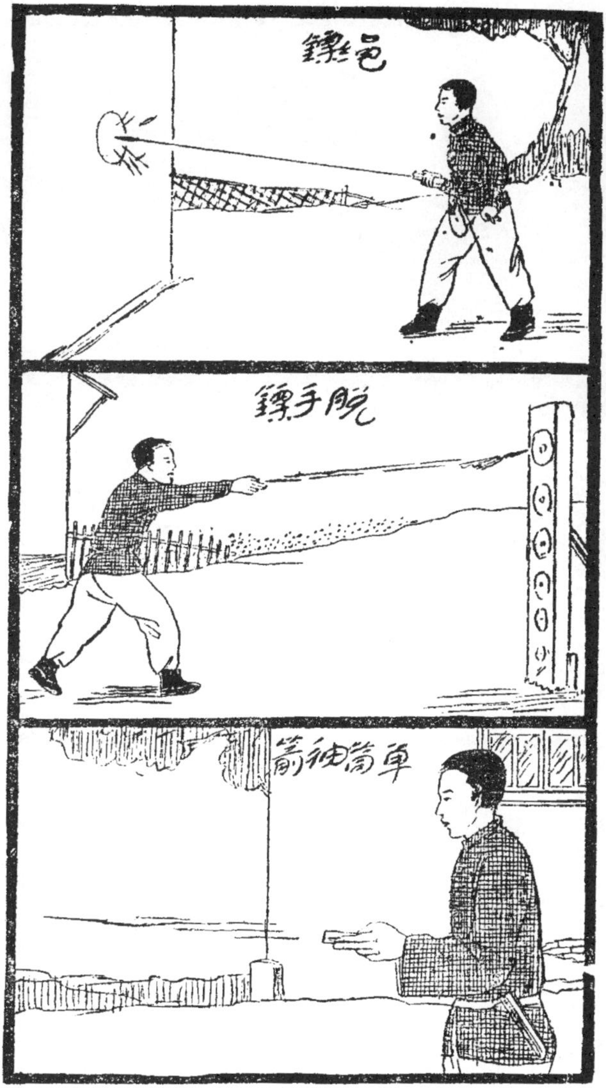

繩　鏢

脫手鏢

單筒袖箭

梅花袖箭

流星鎚

柳葉飛刀

飛蝗石

飛爪

飛叉

飛鐃

擲箭

飛刺

狼牙鎚

鐵蟾蜍

金錢鏢

鐵橄欖

龍鬚鈎

雷公鑽

如意珠

吹箭

鵝卵石

彈弓

噴筒

錦套索

弩箭

緊背花裝弩

踏弩

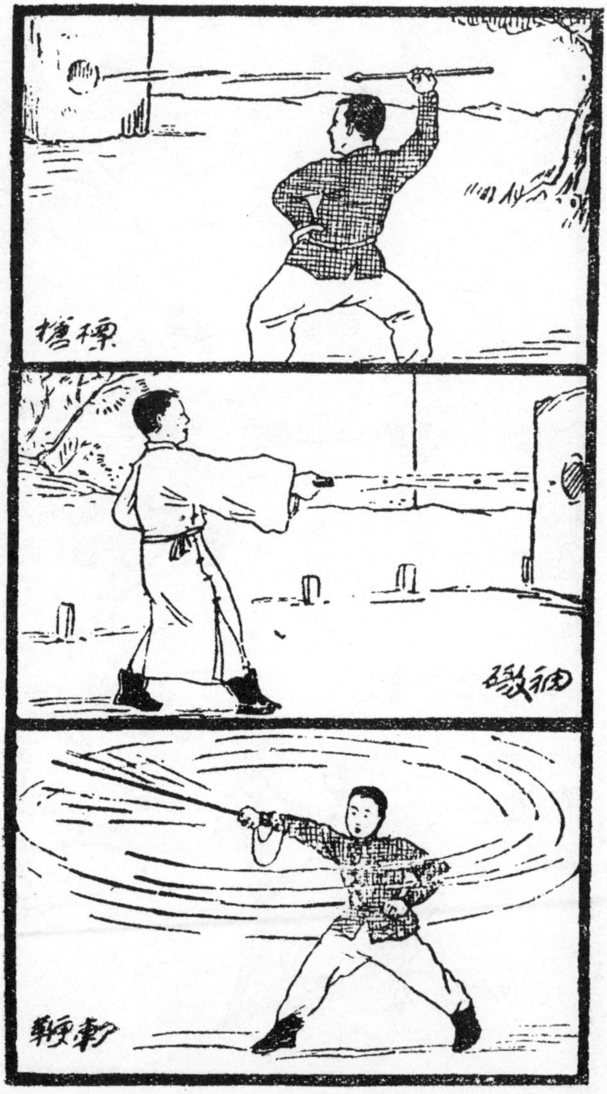

標槍

袖砲

軟鞭

梅花針

乾坤圈

鐵鴛鴦

鐵蓮花

飛劍

鳥嘴銃

練打暗器秘訣

一、繩　鏢

繩鏢之構造

繩鏢之形式，不止一種，有三棱形者，有圓筒形者，有五棱七棱者，皆隨練習者之意而定。但無論其屬於何種形式，功用固完全相同，無干於形式。茲特就最普通之三棱鏢言之。

鏢純鋼鑄成，長五寸至七寸，重約九兩。鏢身為三棱形，頭尖尾廣，尾端正圓，有一鐵環扣其端，以綿軟之堅繩繫其環，繩長約二丈至三丈。另備一竹管，穿於繩上。竹管粗約盈握，長約四寸。繩鏢之全部，其形如此。平時將鏢繩拗折為四，竹管鏢相銜接，即將四折之繩纏腰間，用活結扣之（切不可用死結）。繩之末端靠左腰。鏢頭與竹管，則懸諸右腰下，以便倉猝應變時，可以俯拾即是，便於出手。蓋只須抽開活結，左手握住繩之末端，右手握住竹管，鏢即可以應手而出矣。

繩鏢之練法

繩鏢之練法，與別種暗器不同，因有繩之牽掣，故即利用繩之摔勁，發鏢使出，而其取準也，亦至不易。練習時先於牆上畫一對徑尺許之粉圈，以為目的。的高與練習者之肩相平。練者對的立，相距約一丈五尺，先將繩之末端，繞於左腕上，或於繩末端，先挽一小圈，套於左腕，如鞭鎚等之套腕千斤索，然後更以左手握住繩之上部，即近鏢頭處，相距約三尺，右手握住竹管，兩手各置左右腰上半尺處，運右臂之力，提鏢使垂直於右腰外側，乃從下泛上，由前繞後，摔成圓圈，摔二三周力量已足，待鏢至前面，與肩平時，左手即變活把，使繩隨鏢出，以取標的。取準之處，則完全在於右手所握之竹管，欲其高時，則將竹管前端上昂；欲其低時，則將竹管之前端下抑，欲左欲右，法亦如之。唯竹管上昂一寸，鏢所著處，高度必超過一尺以上，故手中相差毫釐，即不能命中。

唯在摔鏢成圈時，須用足右臂之全力。若不然，發鏢遲緩而力不足，即中的亦無所用。在左手變活把時，亦宜略帶蓄勁，不可完全脫手。若完全脫手，在後面之繩較長，必致蕩動，前面即不易取準。一鏢發出後，無論其中的與否，務宜急速收回，不宜遲緩。其收鏢之法，即將左手猛力向後一抽；同時，右手握竹管，仍如發鏢時之摔成圓圈。蓋不摔圈，鏢頭感受一抽之力，必折而反向自己，或致自傷也。

初練之時，縱其目標如斗大，亦萬難應手而中，必練三四月之後，始能鏢鏢打入圈中，然猶不能必中其中心，然後將目標收小一圍，再下工夫練去。如此逐漸收小，直至的如銀元大小，亦能應手而中，則對於打固定之物，已可百不失一。唯打活動之物，則猶未必盡能如意耳，於是更須練打活靶。先用銅片若干，每片對徑，自五寸至半寸不等，錯雜懸於細軟之樹枝上。蓋微風過處，樹枝動搖，則銅片亦隨之宕動，即於此時用鏢打之。若人立二丈外而能欲打何片，即中何片者，技固神絕。若更能射斷其懸片之細線，則臻化境矣。

有於練活靶之前，先練劉海灑金錢者，即將若干大小不等之錢，橫嵌於木板上，用鏢射去之。初僅以射去為目的，其後務求鏢頭必中錢孔，最後則將豎嵌木板上，用鏢射錢之邊緣。練過此一步後更練活靶，亦甚饒有興趣。此項繩鏢練習成功，至多不過二年。若練習者悟性稍佳，更勤勤練習，一年即可成就。唯發鏢之力，須視練者之膂力而定，不可以一概而論。力足者，即堅厚之衣，亦可洞穿；否則僅能使人傷皮毛耳。

繩鏢之源流

考繩鏢一物，由來甚久，蓋在有脫手飛鏢之前，而脫胎於棉繩套索者也。閩小志云：「一武藝十八，終以白打一。」而白打之次，即棉繩套索也。此套長九尺，兩端有圓球為墜，翻騰飛舞，利用其纏繞之力而制敵。後有智者，彷其制而創為繩鏢，列入雜技，為防身之暗器。雖發明者為何人，發明於何時，皆無從考其詳，以予度之，當在宋代以前，李唐之世。蓋其時武術界人才輩出，劍俠之記在載籍者，亦斑斑可考。當此武術興盛之世，人才既多，其間智者自能依其平日之所學，變化而闡發之，或自成一家之拳法，或自創一種武器，別開生面，獨立門戶也。今之所謂某家刀某家槍者，亦此也。至予之所以斷定繩鏢之創始於宋代以前者，要亦非無稽之談，蓋脫手之飛鏢，實自宋代之佘氏，繩鏢既發明於脫手鏢之先，故推定其在宋代以前也。在發明之初，此繩鏢亦未始非一種利器，既能及遠，又可收回，便利異常。然自脫手鏢等暗器發明以後，則又相形見絀，流傳至今，雖未完全失傳，然碩果僅存，人且視為至拙之器，學者亦漸少。

恒見江湖賣解者流，用此物為打圍圈之具耳，然其間亦未始無絕精其技者，特百什中或可得其一二。以予所見，曾有一董姓北人，繩鏢之技非常精警，應手中的，百不失一，誠足驚人也。董為江湖鏢客，來往南北，輒向商肆索錢自活。蓋自海道通行，北方鏢局失其依恃，相繼收歇，局中鏢客亦絕其衣食之門。武技高者，則到處設廠授徒，藉博微資；藝之卑者，遂不得不挾其一鏢一幟，糊其口於四方，沿門索資，形同流丐矣。

董某者，自言為河南衛輝人，昔日曾為某鏢局夥，迨鏢局收歇即流落江湖。詢其技則曰：「拳腳平常，無可勝人，唯繩鏢一技，自信猶可博人一笑耳。」好事者遂出一金，命試之。時適昏暮，室中燃一白瓷罩之煤油燈。董出一錢，既小且薄，倚嵌於白瓷罩之外，笑謂眾曰：「予立二丈外，以鏢射之，可使錢落而罩無恙。若微損者，當償所值，且設酒為諸君壽。」言次即遙立，出繩鏢一捽，嗤然而出，眾覺眼前一閃，微聲起處，錢已應手墜矣，白瓷之燈罩，固完好無恙也。董自言生平止此一技，故未能在江湖上立足，不免流落。

以予觀之，繩鏢臻此境地，亦已神化莫測，足以驚人，而猶不能恃此立足，江湖上身懷絕技者之多，可想見而知矣。

二、脫手鏢

脫手鏢之構造

脫手鏢，亦簡稱飛標，蓋即不用棉繩竹管之鏢也。形式與繩鏢相同，亦有三棱、五棱、圓筒等式，隨學者之意而定，唯較繩鏢短小而輕。最通行者，鏢長三寸七分，重六兩至七兩，約可分為三種：㈠帶衣鏢。即於鏢之末端，紮紅綠綢二寸許，用以鼓風乘勢，如箭之有羽，紅綠綢名為鏢衣。㈡光桿鏢。即不帶鏢衣之鏢。㈢毒藥鏢。即將各種毒藥配合一處，或與鏢同煮，或將各藥煮熬成膏塗於鏢頭之上，使鏢入人體之後，血融其藥而受毒也。

此種毒藥鏢，又可分為三種：一曰臭爛一生鏢，傷者臭爛流水永不生肌，不可藥治；二曰七死一生鏢，中者其痛徹心，七日必死，非內服參蘇，飲鮮鯉魚湯，外敷八寶拔毒散，貼五福化毒膏不治；三曰見血奪命鏢，見血封喉，亦不易救，北斗長壽丹在初中時服之，或可有效。此種煉毒鏢之藥，類皆潰爛滅血等至毒之劑，武術家相戒不傳其方，蓋亦積陰功也。煉此毒藥鏢之人，皆心狠嗜殺之流，尋常人不願為也。江湖上規矩，用暗器傷人，已失之光明正大，何況借藥物之力以殺人耶？

脫手鏢以十二枝或九枝為一槽。每一槽之中，必有一枝絕手鏢。此鏢較他鏢長大而重，非必不得已時，不輕用也。脫手鏢亦有長過四寸以上，重逾七兩以上者，則其人之腕力，必倍常人也。

脫手鏢之練法

脫手鏢練法，其畫靶定位，固與繩鏢無異，而發鏢之勁，與取準之法，則完全不同。蓋繩鏢借繩之牽引，而以旋摔之力發之，此則完全用腕力直摔而發之。繩鏢以竹管為取準之具，此則以中指為取準之具也。

練者宜立木於地，長六尺，闊七寸，厚四寸，頂上畫一圓圈，對徑六寸，圈中更畫一寸半對徑之紅心。下面距離半尺處，更畫一對徑五寸之圓圈，紅心亦減小三分。如此每相距半尺畫一圈與紅心，依次收小，由上而下，直至最末一個，圈之對徑一寸，紅心之對徑三分為止。練習之人，初立離的六尺處，以後逐漸移遠，至能於四十步外，取的準確，則其技精矣。

學脫手鏢約可分為五步：第一即練習執鏢之法。鏢分三棱，亦有三面，棱銳相同，唯面則兩面較狹，一面較廣。執鏢時宜將較闊之一面，緊貼中指上，而以食指無名指攏住其他較狹之兩面，使三指成為槽形，而大拇指則按住其背，鏢根則抵住手心，小指則緊靠無名指以為輔佐，則一轉腕間，即可發出矣。

第二即練陽手打靶。打靶之次序，固屬由大而小，不必細述，至所謂陽手鏢者，即射平面或上面之物。發鏢時手掌向上，運足腕力，將鏢向正面或內側發出也。欲射較高之物，則須從下泛起衝出，不可平摔矣。練陽手鏢能取標桿上最小之物，百無一失時，則可進而學陰手矣。

第三即練陰手鏢，此鏢專射平面以下之物。發鏢時手掌向下，射正下或外側皆可，唯俱用反腕之勁。

第四練回手鏢，此鏢乃向後面反射之法，或自肩上發出，或自腰脅間發出（**如右手放鏢宜從左肩左脅處發出**）。此法專用於戰敗之後，敵人窮追，發鏢制之；或佯敗誘敵追趕，然後以此法取之也。發鏢時皆用陽手，不能用陰手。可依上法練習，亦並不難。

第五練接鏢。能放鏢者，必須能接，始為上乘。若能放而不能接，則但足傷人，不能自衛也。練習接鏢，須二人對習，始克收效。對手一鏢射來時，必須讓其過門，然後從後面搶接之。若迎頭衝接，偶一不慎，即易傷手。即不受傷，還手時，亦必須將鏢頭倒轉，始可放出。多費時間，予敵人以可乘之機，不若從後搶接，既易著手，又無危險，還鏢時更來得便利也。練得接鏢之後，其技已神，至若一子連三丟、連珠鏢等，學習亦易成就，唯在學者之肯下工夫與否也。

脫手鏢之源流

考脫手鏢之創始，實在北宋。有老僧性圓者，少嘗遊於西域，得異人傳授，精各種武術，顧其所學，皆與世通行之法不同。歸隱於西蜀忠州之某寺，悉心研究，費時越十餘載，始臻化境，融會變化，神奇莫測。時值權臣秉政，朝事日非，僧知世運之將變，乃挾技徧遊中原，欲得英才而教育之，備國家後日之用，至中州而遇周同，見其人謙恭有禮，好學不倦，可為人師，即傳以槍法。同盡其技，至皖省識趙鏞，見其人勇武絕倫，豪爽率直可以大用，乃傳以刀法，至江識余全，見其人精靈活潑，手眼異人，即傳以鏢法，凡所傳之槍刀鏢各法，皆非世人所能識，蓋皆性圓得自西域之絕技也，後周同傳岳飛，趙傳其子璧方，餘傳其子化龍，而化龍之槍法，又授自周同者，唯以少年盛氣，未能盡其技，同與余全相處久，故亦能鏢，此有脫手鏢之始也。

自此暗器發明以後，群以其便利，學者漸眾，元明以還，代有聞人，至清初而鼎盛，北路健兒，於正項武藝之外，視鏢為一種專門技能，人人必學，即火器盛行以後，此風猶不稍殺，此可見脫手鏢之功效，不亞於火器也，有鏢師名鄒永寬者，固河朔健兒，擅綿拳十三手，與人對敵，但遙立舉兩手作勢，攻者即不能入，若稍近即顛出數丈外，且莫明其致跌之由也。相傳鄒此技實得於贛州，挾技走江湖，數十年無與敵者。然人但知其擅綿拳，而不知其鏢技亦精絕也。

某歲遊通州小駐某寺，榜其名於門。通州固武術極盛之地，名家輩出，尤以鏢技著聞於世。好事者知其名，乃慫恿通之名家與一較高下，皆不能勝。有黃鬚郭泰者，武技絕精，為通第一流，能一手連續發三鏢，百步內取人，發無不中，蓋即俗所謂一子連三丟者是也。郭見眾不能勝，乃挺身而出，與鄒角二十餘合，不能勝，爰出鏢乘隙射之，三發不中，且皆為鄒所接。知不敵，向之謝罪，並請師之。鄒笑曰：「我聞通州能人眾，至鏢師保鏢過其境，噤口不敢喝鏢令。今一見，技亦猶人耳。予固不擅此者，既君輩有此興致，請一試之。」寺前固有一榆樹，榆錢正累累。鄒乃命郭自擇榆錢三串，標以記號，已立百步外，舉手發鏢，三發皆中。驗榆錢，記號固赫然在。而其發鏢之手法，蓋亦一子連三丟也。鄒笑顧郭曰：「薄技猶不辱沒金鏢否？」郭愧謝。後鄒應京中某鏢局之聘，偶過通州，狂喝鏢令不止，所以破通州之沿例，而為江湖吐氣也。所謂鏢令者，即鏢局中暗號耳。

三、單筒袖箭

單筒袖箭之構造

袖箭一物，並不靠手勁而發出，完全靠機括之力量，亦可分為單筒、三星、梅花、七煞等數種。茲先述單筒之一種。

所謂單筒者，即每次只能發一箭之箭筒也。筒之外廓為銅鐵所鑄，長八寸，圓周對徑約八分。筒頂有蓋（**此蓋連接於筒身，不能啟閉**），蓋之中央有一小孔，即裝箭之處。筒蓋旁一寸處，有活落之蝴蝶翅一片，亦鋼製，如弩上之牙，用以司啟閉。插箭筒中，關住蝴蝶翅，即將箭軋住；但一啟之，箭立射出。

其內部則為純鋼絲盤就之彈簧，長與筒相等，對徑較筒略小，頂上連一圓鐵板，與筒之內緣吻合，末端亦為一蓋，較筒身略大。與筒之末端，內外各有螺旋，可以銜接，至其彈簧之每一迴旋處，二鋼絲相距約一分，故有伸縮之力。箭筒製法，大略如此。

其箭杆則用竹製，長七寸（中間不可有節），粗如最細之箸，上面裝一銳利之鐵箭頭，長約一寸，成梭子形。箭杆上部，宜有微陷，備蝴蝶翅關鎖之用。此外另須備一箭插，每插共箭十二枝，以備應用。

用時先插箭於筒，將彈簧極力壓下，用蝴蝶翅將箭關住。若將外面蝴蝶翅撥開，則內部之彈簧暴伸，箭即被推送而出矣。至發箭之遠近，則全視彈簧力之強弱而定矣。

單筒袖箭之練法

袖箭之為物，與別種暗器不同，發射既不須用指掌之力，其取準之方法，亦自與繩鏢、脫手鏢各異。以予觀之，實較易也。其立標畫的等法，可參看脫手鏢練法，不必細述。至其攜帶之方法，則於衣袖之內，近小臂處做三段扣帶，縛住箭筒，其蝴蝶翅則向內，筒之前端近腕。發射時但將手縮入袖內，握住箭筒之頭，以中食二指前出，大指扳蝴蝶翅，中食二指指向何處，則箭亦必射向何處，必不旁出。

練習袖箭，先須練裝箭。初時右手執筒，則左手裝箭；左手執筒，則右手裝箭，兩手交互行之。然此等裝箭法，在暇裕時固無不可，若在匆促之時，既感不便，又易為敵人所窺破，殊非所宜。故必須練一手裝箭法，尤以練左手為佳，蓋右手盡可一面與人交兵，而左手之袖箭，可同時發出，襲人之不備也。一手裝箭須用腕力，箭插懸左腰間，箭頭向上，以便拔出後即可裝入箭筒，不必倒頭也。插入時，宜以臂壓住箭筒，然後用大中食三指拈住箭杆前端，用力插入，雖較為費力，然習之既久，習慣成自然，亦頗便利也。單手插箭精熟之後，即可打靶。其法之由大而小，固無異於打脫手鏢，唯取準之點，則在中食二指。先以無名指小指攏住箭筒之外旁，使上旁與掌心相貼，大指則居其內旁，緊按蝴蝶翅，中食二指，並列前出，指定目標之所在，扳機發箭，必能射中。唯在扳機之時，手切不可搖動，若微微一震，在手搖動雖極輕，其箭發出，去的必遠，蓋所謂失之毫釐，謬以千里也。射法亦可分為正射、反射、側射等等。舉手向前，箭從平面而出者為之正射。翻掌上射，或折臂向後發箭者，為之反射。用手向左右兩旁發箭者，為之側射。此物用力既微，取準亦易，故有一年純功，其技已大有可觀，非若練脫手鏢之繁難。至各種射法，但須練到功深之後，熟極而流，自生奇巧，穿楊貫蝨之技，非筆墨所能傳其玄妙，要在學者之心領神會矣。

單筒袖箭之源流

暗器以宋代發明者為多，袖箭一物，亦自宋代始。真宗時，雲陽白鶴館中，有道士號霞鶴者，少曾雲遊四海、名山大川，足跡幾遍。入川時，慕峨眉七十二峰之勝，流連不忍去，日就山中尋異境，饑則接果實以果腹，乃於琵琶峰得一石屋，屋廣可容五人，為天然形勢，非人力所鑿成者，後壁半啟，有微光透露，疑為修真者之洞府。欲窮其異，就罅隙中側身而入，則又為一屋，較外屋為小，並有石榻，一榻上有書一函，知為異書，啟而視之，題曰《機輪經》。蓋後漢諸葛武侯所著，皆言製造各種機關之法。

霞鶴得此，誠屬意外，乃竭力發其秘，凡一切木牛、流馬、火炮等法，無所不能，唯竭力自秘，不肯輕易示人。迨歸雲陽，即一試其技，創作袖箭，試於眾，群稱怪異。蓋其器雖小，其力甚足，每箭亦可近百步，又便於攜帶，故人爭求之。霞鶴亦以此等小技，無自秘之需，故為繪圖說明製法，於是世間乃有此袖箭。後又為軍中造飛天神雷，亦為宋代戰爭之利器，惜其書終不示人，致餘技失傳也。

予或居泰安時，陳師鳳風有友人徐石蓀者，擅袖箭之技百發百中，人稱為小養由基，隨發隨裝，其速無比，曾請其試演，先立一軟靶，以白布為之，上畫紅心，不及一錢大，徐立七十步外，舉手射之，箭貫紅心，而不落地，穿於靶上。一箭甫出，其手中一箭已裝就，嗤然一聲，正中第一箭之末端，前箭墜而第二箭又穿入如前狀。如此連發九箭，皆貫一孔，且皆穿於靶中而不落地，洵難能也。

據徐自云，此種射法，名為金蛇接尾，為箭譜中上乘射法，較之五鳳歸巢、三星襲月等法為難。陳師笑謂之曰：「子之技，予知之深。此種射法，固已超凡入聖，技猶未盡也。所謂對口箭者，射法不較此為尤奇乎。蓋一試之，俾後生小子之廣其眼界也。」徐笑頷之，乃裝箭入筒，一箭向空射去，手中又裝一箭，待上射之箭，力盡轉身向下時，第二箭又向上發出，與前箭遇於空中，兩鏃相對錚然一聲，將前箭激開丈餘，旁落地上，第二箭又力盡轉身向下，而第三箭又發，以鏃抵鏃不差累黍，連發五箭皆如此，然後收箭入囊，笑語我儕曰：「拙技盡於此矣。以此兒戲事，浪得浮名，不免為天下英笑也。」予請其技，則曰：「學技毋苦不成，亦毋苦不精，但依成法，下苦功練之，由疏而熟，熟極則百巧皆生，變化因之，即一舉手一投足，亦莫不含有巧妙之作用。予之射法，初亦無異人處，但得一熟字耳。子誠能刻苦自勵，數年之後，會見其技之出於予上也。」徐人極疏小，特精幹之態，令人肅然，而和藹可親，謙�有禮，又令人敬愛。其箭法之神，非特一時難尋其匹，即古之善射者，恐亦未必過之，始知其得小養由基之名，非偶然也。

四、梅花袖箭

梅花袖箭之構造

此種梅花袖箭，與單筒者不同，裝箭一次，可以連發六箭，絡繹而出，其速無比，功效之大，實非單筒袖箭所可比擬也。其所以有此特殊之功效者，則因有特殊之構造也。其箭筒較單筒為粗，對徑約一寸二分至一寸五分，長八寸。頂端半寸處置一大蝴蝶翅，司正中之一箭。稍下半寸處，則四周共有五個蝴蝶翅，管理周圍五箭之用。筒之內部則為六小管，排成梅花形，每個小管之頂端一部，皆有孔竇，通於外面之蝴蝶翅，為鎖箭發箭之最重要機關。每一小管中，各有一枝彈簧，其裝配之法，與單筒無異。總之此梅花袖箭者，即集六個單筒袖箭湊合而成，排列成一朵梅花之形狀而已（即正中一小管，四周圍以五小管也）。六小管之末端，即裝在箭筒之蓋內，用螺旋合於筒身。筒之前端亦六小孔，為裝箭之處。匣蓋之後，則綴以小鐵圈一，因此梅花袖箭射放時須將筒身隨旋轉，故不能如單筒之用三段帶縛於衣上也。圈中綴一繩，繫於大臂之上。其筒頂一端，則用帶圍約之，不必緊縛，但使其不致狂宕耳。箭之式樣，完全與單筒者無異，可參看，不多贅矣。

梅花袖箭之練法

梅花袖箭，能繼續不斷放射至六箭之多，可使敵人避過一箭，而第二箭又至絡繹不絕，倏左倏右，忽上忽下，使人防不勝防，避不勝避，必中箭而後已，其功效固非單筒袖箭所能及。唯其功效之大，故練習亦較單筒者為難。其靶式亦與單筒者不同，靶用三尺見方，五分厚之木板，下裝以二尺高之木架，植立於地，木板之上，用墨筆畫一朵整朵之梅花，正中一圈作蕊，旁畫五圈作花瓣，每圈對徑約六寸，每圈之中，又用硃筆各畫一紅心，每紅心之對徑，約一寸半至二寸。

練者立六七尺以外，先撥開最上之蝴蝶翅，發正中之一箭，而取靶上之蕊，然後依次撥在旁之各蝴蝶翅，發射其他五箭，任意取靶上之花瓣。大約練習三月後，即可中圓圈；半年之後，即可中圈中之紅心。然後將距離移遠，靶上之花朵縮小，直至百步以外，能中銀圓大小之的，則更於板上畫無數大小不等之墨圈，其位置錯雜不齊，乃於各圈之中，用硃筆標數目：一二三四，僅可任意寫在圈內，不必挨准次序。

練者立百步外，另命一人在旁呼數，彼呼何數，練者即用箭射畫明此數之一圈，隨呼隨射，若亦能應手而中，百無一失，則技雖不能超羿而上之，然亦大有可觀，用以在百步內射人，亦已不易避矣。至於梅花袖箭取準之點，則亦完全在中食二指，與單筒者無異。唯放去一箭之後，必將箭筒略為旋過，始可再發第二箭，手法亦須敏捷，否則發箭亦必遲鈍，不能連續不斷矣。若裝箭之法，在單筒固不可不練。此則因一次可裝六箭之故，僅可暇時裝就，以備應用，不必隨裝隨發。且此種梅花箭枝，裝箭時亦非一手所能辦，必兩手合裝也。身旁帶箭，以六枝為一排。若身上帶兩排，筒中裝一排，共三排十八枝，亦不虞缺少矣。

梅花袖箭之源流

梅花袖箭之發明，較單筒袖箭約後數百年，蓋自霞鶴道人發明單筒袖箭以後，一時武術界已視為不可多得之利器。蓋其時火器未興，能及遠之武器，捨弓弩以外無他物。特弓弩休巨，射放易為人所見，不若袖箭可從袖底射出，使人無備也。在當時之人，得此單筒袖箭，已視為異寶，爭相習用，更無人殫心竭慮而求其更精進方法矣。

成法流傳，直至明代，有劉綖其人者，自幼從異人學各種武技，十八般武藝無所不能，尤工騎射，性劣之馬，不鞍可乘；三石之弓，輕如拾芥，而矢無虛發。時人驚為絕技。浪遊南北，無與敵者，又得袖箭之法於其友，乃病其每筒止可發一矢，隨裝隨發，亦感不便，乃將箭筒上之孔竇放大，蝴蝶翅亦分為兩個，對裝於筒之兩側，亦可並裝四五箭，而用兩個蝴蝶翅對軋之。然此式之箭筒，箭雖可以多裝，但機關一開，眾箭同時齊出，與單裝一枝者，亦無甚特異。劉乃殫心竭慮，費時年餘，始發明雙筒袖箭。

所謂雙筒者，即一筒中有二彈簧、二蝴蝶翅，可以並裝兩箭，先後放射者也。自發明雙筒之後，觸類旁通，乃增為三筒，名曰：三才袖箭；四筒者曰：四象袖箭；六筒者曰：梅花袖箭，其餘有七筒、九筒者，則為七星袖箭、九宮袖箭也。劉綎創此數種袖箭以後，名乃大著，從學者亦日益眾。予所述之梅花袖箭，於是亦風行於世矣。至其餘各式，發明者既同屬一人，其式樣練法，又大同小異，學者可以意會得之，不必多贅。

自明以後，此種梅花袖箭之法，遂為江湖上通行之武技，南北學武者多練之，唯技之最精者，則推山東李兒窪之李姓。自神箭李天壽得名以後，世代相傳，子孫無有不精梅花袖箭者，至其七世孫李珮，其技益精。相傳李珮之袖箭，非但能於死活靶上百發百中，且能取極小之蜂窩，嵌滿白粉，於粉上標明字母，由人呼喝，應手發箭，皆能命中。其眼力有如此者，惜其人少年誤入歧途，曾為綠林渠魁，後雖皈正，人以是輕之矣。後投入鏢局，為人護鏢。

因其曾為盜，綠林中人識之者甚眾，江湖講義氣，故其鏢旗過處，輒能安然無事也，如是者數年，從未失事，遂自大，投保者至，往往命其徒代押，或僅予以鏢旗。或請其親往，則憤然曰：「無患也，即此一旗，綠林中人見之，且望風而靡矣。」後為某氏保重資赴山陝，路經某山，陣雨驟至，避入破廟。及天氣夜色已昏，不復能進，乃止宿於是，各出乾糧果腹。夜半忽有鳴鏑聲起於廟外，群盜呼嘯至，為首者四人，皆偉丈夫，赳赳昂昂，若能噬人者，各以兵刃指揮餘眾行劫。時李珮立暗陬，大聲喝曰：「何物鼠子，敢捋虎鬚，不知李兒窪李珮耶。」盜微睨之，見其身小如猴，輕之，置不知，指揮餘眾如故。李珮怒，舉手一揚，喝曰中第二人右目，箭出果然；又喝曰中在前一人鼻，箭發又如言；其後喝曰中某人某處，無不應驗。轉眼之間，四盜魁皆負傷，始怪異曰：「今日其真遇穿雲箭李珮耶？」皆呼嘯而去，其鏢銀卒無恙。

五、流星鎚

流星鎚之構造

流星鎚，亦為帶繩之一種暗器，全體分為三部，即鎚身、軟索、把手是也，大略與繩鏢相彷彿。唯鎚頭之形式，則個個不同，有渾圓者，有瓜形者，有棱角甚多者，各隨學者之意而定去取。蓋形式之與功夫，本無如何關係，正不必拘拘於成式，即捨此數種式樣，而自成一式，亦未嘗不可也。鎚身之大，約如普通之飯碗，其輕重亦無一定。實力充足之人，則用鎚略巨。實力薄弱之人，則用鎚略小。

以最普通人所用之鎚，大約四五斤左右。其大者則六七斤、八九斤不等。其最小者，亦不得在三斤以下。因鎚之為物，既無銳頭利刃可以傷人，其藉以制敵者，厥在重量之衝擊。若用鎚太輕，即失其效力矣。

鎚身之末端，預留一象鼻眼。象鼻眼中，則貫以鐵環，更以繩扣住其環。繩名軟索，宜以蠶絲與頭髮夾雜辮成。如用鹿脊筋，劈成細絲，三物同編更佳。因此三物皆堅韌而不易摧折。鎚身固重，發出時更益以臂力，索上所著斤兩，甚為巨大，若非用此等堅韌之物，殊不足以臨之，非若繩鏢之僅數兩可比，故不能用痲繩與棉繩也。軟索粗如手指，長二丈半或三丈。把手唯在初學時用之，有相當功夫以後即可捨去。亦以堅竹為之，粗盈握，長三四寸，與繩鏢上所用者完全相同。平時亦將軟索拗為四折，束於腰際，鎚與把手，並垂右腰下。索之末端，則靠左腰，亦與繩鏢扣法無異，臨時應用，至為便利。

流星鎚之練法

流星鎚之運用，可分兩種，即摔打、劈打是也。

所謂摔打者，其發鎚與繩鏢相似，但有側擊、壓擊、衝擊之分，摔鎚一匝，縱橫掖出，以攔擊敵人之側面者，是謂側擊；摔鎚一匝，從上面蓋下，以取敵人之頂門，是謂壓擊；摔鎚一匝，從下面泛向上，以取敵人正面，是謂衝擊。以上統稱為摔打，是初步鎚法。至於劈打，則並不須摔鎚，但以一手握住鎚頭，遙擲敵人也。其法實較摔打為難，而敵人最不易防。蓋摔打之法，猶可借摔勁之力以攻人，劈打則完全靠臂力以取勝，發鎚之力，相去固已甚遠。且摔打必須摔鎚，易為敵人所見而預防，若劈打者，一揚手而鎚即出，敵人防不勝防矣。

劈打之法，亦可分為擲、撇、撒三種，擲即向前托出，以取正面之敵；撇即將鎚向發鎚一手之外側撇出，以取側面之敵；撤即將鎚向發鎚一手之內側撤去，或於退走時將鎚向後撤去，以取側面或後面之敵。入手之初，宜先練摔打法中之側擊。立土垣高三尺，長三丈，闊二尺。於垣上畫圈為的，圈對徑約八寸，每隔二尺畫一圈，並列成一字形。練者立土垣之一端，握繩凝神（與繩鏢握法相同），將鎚從頭上摔一圈，即術語稱盤頭者是，待至肩前，即向最近之一靶摔去。然後逐漸加遠，以至於最遠之一靶為止。然後再練壓擊。先於地上劃一長方形，闊二尺，長三丈，更於其內用石灰畫圈如土垣以為的。練者立其一端，將鎚由後泛前摔一匝，待至前上斜時，即向最近之一靶打下。亦由近而遠，至最遠一靶為止。然後更練衝擊。衝擊之法，與繩鏢無異，可以參看，不必細述。其靶仍用土垣。此三種法則，練至皆能應手而中，則對於摔打之技已告成功，即用以臨敵，亦能制人。若欲更進一步，則練習劈打。

劈打之靶，亦用土垣。練者對垣而立，初相距約一丈，以後逐漸加遠，直至二丈以外為止。先練擲法，即以一手握住鎚頭，一手握住軟索之末端，認定一個圓圈，乃提鎚至脅際，運足臂力，向其的擲去。擲法練至能應手而中，則可練撇法。人側立，發鎚一手之肩向靶，乃提鎚至握軟索一手之脅際，運足臂力，向外側撇去，以取認定之一靶，亦至能百無一失為止。然後更撤法。人亦側立，但握繩一手之肩向靶，提鎚於外側（**其式屈肘平肩，鎚在肩前**），運足臂力，內側撤去，以取認定之一靶，亦能百發百中，然後更背靶而立，依上法向後撤擊。至以上三法，能於二丈外應手中的，則流星鎚之能事盡矣。

唯練鎚之距離，先近後遠，與別種暗器相同，而靶子上之圓圈，卻不必逐漸縮小，因鏢箭等物，純靠其尖銳之簇以制人，則所取之的，如眼鼻咽喉太陽等處，部位極小，若身上各部，有衣服遮蔽，不能重傷，以故須打小靶子，否則即無效；而鎚之為物，則純靠重量擊人，不論身體之何部，但須著錘無有不傷，故所取之目標較大，不必更列練小靶子也。

流星鎚之源流

流星鎚一物，實自短把鏈子鎚脫胎而出者。所謂短把鏈子鎚，即鎚頭之尾碼以二尺長之鐵鍊；鏈之末端，又綴以六七寸長之短柄，實為軟硬把之短兵器。此物非中原所創，實傳自西羌，唐崑崙奴摩勒，善用鏈子鎚，因是遂流傳於中土，迨後有同州管繩武者，始變鏈子鎚為流星鎚。此鎚乃由兵器而成暗器，流傳漸廣，故唐宋名將，多有用之者。而宋代傅映玉，尤以鎚得名，馳騁疆上，往往飛鎚制敵，故有傅家回馬鎚之稱。此可見流星鎚之見重於當時矣。及後人愈進化，發明愈多，機巧百出，暗器之精妙者漸多，此流星鎚人且以其笨重而捨之。降及近世，用此鎚者，已不可多見矣。

江湖賣技之流，雖類有此一物，既疏小不合式，亦僅以作打圍場之用，不復視為重要之器。盛極必衰，物猶如是，而況於人乎？

友人陳夢夔，生性異人，幼即好武，顧其所學，亦與恒人異，凡通行之拳法兵器，非所願習，必尋其冷僻而他人不習者而習之，兵器如筆撾刀牌之類，今人且不能舉其名，而陳獨樂之而不倦，暗器則流星鎚為尤精。陳嘗語予曰：「人但知趨熟避生，競擇時尚者學習，古法之失傳，實以此也。予非不樂與人同，所以如是者，冀古法庶可如縷縷不絕耳。」予深然其說，請試之。陳亦不拒，筆撾等法，固世所不傳，而其流星鎚尤足令人驚駭也。陳攜鎚與予行郊外，過一古墓，墓亭盡圮，唯四石柱矗立於斜陽衰草中。陳謂予曰：「請即以此石柱為的。」乃解腰間流星鎚執之手中，立二丈外，喝曰：「左一柱。」聲未絕而鎚發，錚然一聲，左柱已飛去一截約尺許，鎚力衰下落。陳左手一抽，即飛回，舉右手接之如拾芥。又喝曰：「中右柱。」一轉手間，鎚又從旁撇出，右柱又錚然飛去一截，左手略一牽制，鎚又在其手矣。如是凡五發，無所失，始收其鎚。予不禁黯然曰：「如子之鎚，石且立碎，若著於人，猶有生望乎？洵可畏也。」陳笑曰：「用以擊石，固須用力如是，若以擊人，則毋須用如許力量也。然即輕發，人當之亦重傷矣。予之所以能如是者，練習亦非一日，苦功當在十年以外。若實力不充，功夫淺薄者，欲發此七斤之鎚，亦已費力。」陳君所用之流星鎚，為瓜棱形，以熟銅鑄成，軟索粗逾拇指，蓋以鎚重，故細恐不勝，並不用把手。軟索之末端，有千斤套，纏於左腕。據彼自云：「右手可發七斤以上之流星鎚，若左手則僅能四斤以上。」如發此鎚，即不能取準，正在苦練，且云：「用無論何種暗器，務須兩手皆能，始便利有用。若僅練右手，有時即無由騰空，徒精無益。」上述流星鎚之練法，即陳君所告予者。以陳君親歷其境，而又能精於其技如此，其言定不虛也。

六、柳葉飛刀

柳葉飛刀之構造

飛刀之式樣，亦個個不同，有單刃者，有雙刃者，有如偃月形者，以其形式之不同，故發射之法，亦因之而異。茲先述雙刃之飛刀，蓋即世稱為柳葉飛刀者是也。此刀以其形似而得名，刀身長六寸，柄長一寸七分，刀盤稱是，刀身上銳下豐，其形完全與柳葉無異。兩面皆有刃，刃薄如紙。兩面正中間，各有隆起之脊，頭完全尖銳如針。其刃與脊與劍之形式相似，兩面脊處最厚，約二分光景。刀身之重，約三兩餘。而刀柄亦以鐵為之，其重約四兩許。刀身與刀柄相接之處，則有刀盤，盤身較刀柄之周圍略大，重約二兩。統計每一飛刀，重約十兩左右。刀柄之末端則纏以紅綠綢，各長二寸許，用以為鼓風取準之具，有如脫手鏢之帶鏢衣也。刀須用純鋼打就，每刀十二口為一鞘。鞘製以鯊魚皮為佳，參差分為上下二排，每排六刀，刀尖向下，柄露鞘外，以便隨手取用。帶刀之法，與帶鏢不同，以鏢囊懸於脅際，此飛刀之鞘，則宜縛於背上。大約右手用飛刀者，則斜縛於左肩與脊骨之間；左手用刀者，則斜縛於右肩與脊骨之間。因暗器之攜帶，不能一定其位置，須視何種暗器應如何用法，則須帶於何處，方為合手，要在各適其用耳。此柳葉飛刀之制人，重在其尖銳之刀頭，而兩面之刃，用處極少，然有時發刀，敵人雖躲過刀尖，而其刃亦能使之受傷也。至能利用兩刃，於砍劈等法中制人，則功夫之深，非十餘年不能有是也。

柳葉飛刀之構造，大概如此，然其分量之輕重，與夫尺寸之長短，不過就尋常通用者言之，並非固定之式樣，而完全不可更改。如練者嫌其過大過重，則減小減輕之；嫌其過小過輕，則加大加重之，亦俱無不可。唯刀身過小過輕，則傷人不易；過大過重，則攜帶累贅。如上所述者，得乎其中，似較適用也。

柳葉飛刀之練法

柳葉飛刀之練法，與鏢箭等完全不同，且較鏢箭等物為難，蓋其發刀完全只有陰手之一種手法，不能旁出上沖也。唯其只有一種手法，而欲取無數不同之目標，亦已難矣，且陰手發刀，又完全在於摔勁，握住刀柄而將刀前摔，固不能如打鏢射箭之取直線，蓋刀如與的相平，取直線而出，必較其的低下若干尺，此實因專用摔勁之故，而又不能用推送等法發刀。凡用摔勁所發之物，必作半圓形（即今所謂拋物線是也），故在發刀之時，取準須較的高過數寸，則刀至其地始可中的。明乎此理，始足與言練習飛刀。

飛刀之靶，初步與脫手鏢靶子完全相同。人立一丈之外，從鞘中握住一刀，覷準目標，將刀拔出，順手摔去。發出時刀頭約較的高一寸。不中則更發一刀，如此將鞘中十二刀發完，以驗其中的者幾次，然後收刀入鞘。更自忖其各刀不中之原因，大概不外乎過高過低，偏左偏右，從而改正之。往復練習，每日晨夕二次，每次規定若干時間，練至能在相距一丈處應手而中，然後移遠數尺，依法練之。唯移遠之後，發刀更須提高，距離愈遠，發刀時之刀頭比的愈高。此亦拋物線之一定程度，不可相強者。至能於百步處取的準確，則將的收小若干再練，直至能取對徑不及一寸之的，百無一失，可以換靶矣。

取木板一塊，上用墨筆畫二人頭，及肩而止，一為正面，凡耳目口鼻等俱全；一為背面，在耳根等各處穴道上，用硃筆劃一小圈。人立百步外，先取兩目，繼以耳鼻，乃面門各穴，如天庭三根太陽等。正面練得百不失一之後，更練取背面之各穴，至能欲取何穴，即中何穴，任意所之，無所不可，則飛刀之技大成矣。然自始至終，非三載不可。餘如手法之變換，距靶之遠近，則全在練者之專心體會，熟能生巧，自然變化無窮。但手法終不脫乎陰手，相距亦不過百三十步也。

柳葉飛刀之源流

飛刀之法，自古有之，其始於何代，創自何人，則不可考。北史奚康生傳飛刀亂砍，投河死者眾矣。此可見飛刀之術，固有相當歷史也。若即以為創自奚康生，亦無不可，至其飛刀，是否即今之飛刀，則無復佐證矣。且觀古代戰史，梟將疆場，往往有為飛刀所傷之事。

據屏南筆記所載，則謂北史奚康生傳之所謂飛刀亂砍者，並非此飛刀，實運刀如飛耳。至飛刀遙擲以取人者，其技非中原之所有，乃傳自南蠻。蠻人潑悍，無論男女老幼，俱習拳勇，固非全以好勇鬥狠，而非此不足以防止毒蛇猛獸之侵凌也。彼方之人，所習之技，以飛杆飛刀為獨絕，百步之內，一舉手而取人生命，如拾土芥。且無論男女，每出必以其所善用之飛槍或飛刀以自隨，結習然也。其技之高者，竟能於百步之外取飛鳥游魚，百無一爽。

予按此段筆記，似有根據。蓋憶清乾嘉時，有緬甸人致書某將軍雲飛刀飛馬飛人，有福好善之王。緬甸固南冥地，屏南筆記之謂南蠻，與此頗近似。且謂飛杆飛刀之技獨絕，此又自稱其飛刀飛馬等，則兩兩符合，飛刀之技始于南蠻，信而有徵矣。

友人蔣君，昔曾浪遊南北，好與江湖技術之流相往來，所交頗多異人，嘗謂予曰：「在江西時曾得一友，名傳祥麟者，綿拳之高手。顧其人瀟灑風流，恂恂儒雅，初無赳赳勇武氣概，而其名獨著。異之。輾轉晉接，談吐之間，亦無江湖語，於是甚相得。時予適參軍旅之事，駐其地，故過從甚密，即從之學綿拳。所謂綿拳者，來回往復，如弄球珠，固無過人處，亦如世傳之太極拳然。某日與軍中余姓者同往，余固直隸人，力能舉鼎，拳技亦精絕。見綿拳之動作濡滯，有等兒戲，嗤之，以為此拳雖練至極精，亦無所用。傅正色語之曰：「子以為此拳不足應敵乎？請一試之，聊以見意，毋重手相傷耳。」余諾之，揮拳猛進。傅但以兩手左右搓弄，余近其身，忽仆於一二丈外。彼固不自知其致跌之由，而旁觀之予，亦未見其因何致跌也。余起更猱進，傅則搓弄愈急。余非但不得近其身，且欲跳脫亦不得，竟如蛛網之纏繩，身不由自主也，於是始信服，知傅之以綿拳著名於時者，實非偶然。明年予將去贛，傅設酒餞予，並招余君及其知友數輩。酒酣傅起曰：「離筵悶飲，頗覺不歡，盍各出所能，為遠客勸酒乎？」眾贊其議，於是各出絕技俱可觀，末輪至傅，乃命侍役以金錢十二懸於兩旁，左右各六，已則縛飛刀一鞘於右肩，持長劍舞於庭，旋舞旋出飛刀，喝曰：「中左第一錢。」白光過處，左旁第一錢，刀貫其孔矣。又喝「右第二錢。」亦應手而中。旋舞旋飛，劍畢，而鞘中之刀亦盡。視左右各錢孔中，各貫一刀，無一空者，且在左之六錢，皆係正面，在右之六錢，皆為背面也。演畢舉酒向客曰：「如予薄技，猶足為諸下酒三大白乎？」眾如其言飲之，皆歎其技之神。傅君則謙抑特甚，謂為兒允。想見其技，固猶不止綿拳飛刀兩事也。惜予以行期匆促，不能久留，以睹其他。即綿拳亦僅得五路，未得全豹，至今引為憾事。蔣君於雜技之道，亦有可觀，如脫手鏢、飛蝗石等，皆能應手而中。以企慕傳祥麟之技也，且曾練飛刀，惜未能造化境耳。予或在北方時，亦曾見有賣技者，命其徒倚板而立，賣技者立二丈外，取刀擲之，皆中板上，兩刀插左右耳根旁，兩刀插頸之左右，兩刀在兩腰際，兩刀在膝旁，又兩刀在踝旁，一刀在頂上，一刀在襠下，各刀所插之地位，去人體不及三分，稍一差池，則人必受傷。此賣技者之飛刀，亦可謂神化之極。其技固不在傳祥麟下矣，然練至如此，非十載純功不可也。

七、飛蝗石

飛蝗石之構造

飛蝗石一物，為暗器中最便利最節省之一種，實為隨地皆有俯拾即是之物，既不須費錢購買，又不須費時琢磨，而取之無盡，用之不竭，信手而拾，信手而發，其便利為何如也。但於山野之間，尋取堅石，以青石為上，麻石次之，黃石最下。所取之石，宜細長，上銳下豐。至其四邊之形式，則不必拘泥，即椎形、方形、六角形等等，皆無不可。依其形狀言，則略似蝗蟲，故名為飛蝗石。長約三寸，其周圍之大小，亦可不必拘定。若其重量，每石約六七兩不等。揀得此種石塊貯之，以備應用。出行之時，則用一囊佩腰間，貯石若干塊於其內。囊以革製，長約一尺，闊約七寸，上端兩角，用帶為一環，斜掛於頸項之間；囊兩邊之中間，各有一帶，用以纏縛於腰際，以免行走時袋之宕動。帶袋之法，須視其人慣於發石之手而定，慣用右手發石者，則袋宜懸于左腰之下；慣用左手發石者，則袋宜懸於右腰之下，蓋取其臨事時取石之便利也。

此種飛蝗石之構造應用，在暗器中最為簡單，唯其用法，則有兩種：一則當暗器，一則以之為探路之用。凡夜行人在屋角牆頭欲下躥時，必先用石探其下有所危險。此探路石子，江湖上亦統稱之謂飛蝗石。

飛蝗石之練法

飛蝗石一物，其便利固如上述，至其練法，亦不甚難，大略與脫手鏢相似，唯專用摔撇之勁，而不用推送之力。其靶之設立，亦與脫手鏢相類，唯不能用木靶，宜用土垣。因鏢頭尖銳，容易釘入木板，此石頂端雖亦銳削，但終係石棱，不如鏢頭之鋒利，勢難釘入木板；不能釘入，則打著與否，亦漫無標準，如用土垣，則庶可打入耳。土垣高六尺，厚闊各二尺。垣上用石灰畫圈若干，大小不等，其最大者，對徑約一尺；最小者，對徑約二寸。練者先立距靶一丈處練之，打最大之靶，然後逐漸收小，至最小之一靶為止，能命中後，人所立處即移遠二尺更練，命中後更移遠二尺。如此逐漸移遠，直至三四丈以外，亦能最小之靶而百發百中，則技可用矣。

發石時之手法，則用陰手者多。握石與握鏢相同，如右手握石，則先將手向上一揚，即翻腕向下，用力向前摔去取的，此為打正者。若打側面靶，而右手發石，則宜側身立，左肩向靶，右手握石如前，向右面一揚，即轉腕用力向左面撇出以取的。此二法為飛蝗石正工，皆用陰手者，至於陽手，亦未嘗不可用，但如衝擊等法，每感力不易充，故不恒用；然在臨事倉皇時，偶爾一用，亦足以解目前之危也。

飛蝗石之效用，不如脫手鏢，純靠重量擊人；則又不如流星鎚，其擊在人身有遮蔽之各部，但足使人略感痛楚，而不能使受傷，故用飛蝗石之人，在擊敵之時，一則取人頭面各部，蓋一無遮蔽，且眼鼻等處，脆弱之極，最易受傷，此外則宜取手腕足踝兩節骨，因此兩個節骨，最不吃痛，打著腕骨，則其人之兵刃必墜，打著踝骨，則一時必難行走，除此以外，雖著人身，亦不會發生若何效力也。

飛蝗石之源流

飛蝗石一物，在初時固無人用為武器者。唐代突厥亂作，裴行儉率兵討之，有部將秦某與番酋戰，不敵，敗走曠野，馬又中酋矢倒，秦仆地，自計不能生還，酋又將及，計無所出，唯瞑目待死而已，忽手觸一石塊，僥倖心生，以為若持此石，一擊而中，則非特生命可以保全，且立得大功也，乃持石以待。酋至，見其伏地不動，疑已死，略遲異審視間，秦即飛石擲之，中酋首，秦又一躍至，舉刀斫之，攜其首歸營。一石之微，竟獲巨功，秦名於以大著，而軍中自此稱秦飛石而不名，秦亦於以注意於飛石之練習。及平番奏凱，中原亦爭傳其事，練習飛石者亦於以眾焉。嗣後沙場爭鬥，恒見有用飛石制敵者，如野史所稱之沒羽箭等事，亦由此牽附者也。

予幼亦曾習此飛蝗石，初固兒戲視之，及後，取準亦能無誤，唯以限於腕力之故，雖中的，不能破的而入也。如陳師鳳山者，則技足驚人矣，曾畫無數小圈於石垣之上，畫數目於圈中，圈之位置，固犬牙相錯，漫無規則，而所編數目，亦任意為之，不依規矩，師立百步外，用飛蝗石依其次序打之。固皆中的不誤，而飛蝗石且皆沒入石垣中者約一寸。以石擊石，而毀壁而入，此非飛蝗石之堅於垣上石也，實以發石者之功力，完全貫於飛蝗石上，故能破堅而入也。功夫如陳師，固非易易，能臻其境，則人體雖有遮蔽，亦必能穿胸洞脅。上述之僅取人頭腕踝各部者，實為平常人而說，非指此功夫深精而言也。

八、飛 爪

飛爪之構造

飛爪一物，在暗器中可謂最厲害之件，非但能傷人，且能擒人。其構造則為一繩一爪。爪以鐵製，與人之手掌完全相同，唯掌面略短，每指除大指外，亦俱為三節，第一節之端，則銳利有如雞爪。每一節相連之處，皆活絡，裝有極小而靈活之機關，能使各節伸縮活動。掌面則空其中，上有洞五個，即每指插入之地，中用一半圓形鐵環橫貫五指之末端，更於掌之後部，嵌入一鐵環，環即套於半圓形之中間，是為總樞紐。其爪之屈伸，完全司於此環，蓋每節之小機括，亦有弦索通於總索也。環之後則亦如繩鏢流星鎚之有軟索牽連之。其索亦以純絲與頭髮、鹿脊筋所製為佳，不宜用綿繩麻繩之類也。索之末端則挽結成一圈，預備套於腕上者，即所謂千斤套腕是也。發爪著人，因爪尖之鋒利，已足使人受傷，更益以活絡之指節，但須將索一抽，則總環一著力，掣動各節之小機括，則指竟向內猛摳，如人之以手摳物狀，爪尖立即深隱入肉，萬難擺脫，如不動則尚可支持，若用力與掙，則愈掙愈牢，其指即愈陷愈深。故敵人如用飛爪，不著則已，如為所著，必致被擒，無可解脫也。甚有殘忍之人，將爪用毒藥煮煉，一著人身，立刻致人於死命。予謂飛爪一物，即不用藥煮，但能練至百發百中時，已足擒人，更何須以藥立致人死命，實喪德事也。江湖上人，亦深戒之。

飛爪之練法

飛爪之構造，既如上述，其練法亦因其形式而異於其他暗器，帶繩之暗器，如繩鏢、流星鎚等。發出之時，恒須兩手並用，如右手發出，則以左手執繩之末端；左手發出，則以右手執繩之末端，相輔而行，始克收效。唯此飛爪一物，則完全用一手，執繩也以是手，發爪也亦以是手，所以必用千斤套腕套者，亦以是也。在發爪之時，先須套住千斤索，然後更以手握爪，所握處則在爪之掌面，即總樞之外。取的之時，必先將爪向後猛力一揚，此一以蓄腕部之力，一以使爪之各指，完全開展也。一揚之後，即向所取之的，從上拋去。拋時亦完全用陰手，有時亦可用反手撒出，待其既著於的，急以發爪之手，搶握軟索之末端，猛力向後拽之，總環著力，爪必拿住其的，則爪必深入，的亦應手而來歸矣。練飛爪之的，與別種暗器之的大不相同。用樹幹製成木人之狀，下面釘於平板上，使木人可以直立不倒。木人高約三尺，兩肩闊一尺，餘稱是。所謂木人者，不過大略似人，非一定要完全像人也，且不必有手，因飛爪所取之部分，一為頭面，二為兩肩，三為兩腰，四為兩腿。頭面與腰，為致命之處，不恒用之，非於萬不得已時始一用也，常用者以兩腿兩肩為多。立木人於一丈以外，取爪依上述之法練之，先練頭與兩肩，手法完全用陰手，飛爪則由上下蓋以取的。次練兩腰兩腿，則用半陰手手法，從旁攏入以取的。然無論其取木人之何處一部，待爪既脫手而發出，其手宜亟急握住軟索，始可於爪著的之後，馬上抽回。於此轉手之間，宜極敏速；若一遲鈍，則爪雖著人而不能深入。由一丈而二丈三丈，應手而中，則技可用矣。此飛爪在爭鬥時固可為暗器之用，而夜行時如遇高牆阻路，或須越城而入，又可為爬牆之用，蓋用爪抓住城牆，人即可緣索而上，安然而入也，故此物有兩用之妙。

凡江湖夜行人之百寶囊中，多備此一物，以為翻牆越城之用。唯練習之亦非易易，至少須有三四年苦功，始克有成也。

飛爪之源流

飛爪之物，由來甚久，蓋脫胎於十八般武藝中棉繩套索者也。雖不知其創自何人，然在隋時已有此物，唯用者極少。及乎宋代，有所謂鐵槍李全者，以梨花槍法號稱無敵，每出戰恒以其妻自隨。妻楊氏亦猛悍，擅梨花槍外，尤善以飛爪襲人，一槍一爪，勇往直前，每戰有功。嘗語鄭衍德等曰：「老婢以一槍一爪，橫行江湖二十年，未嘗有敵也。」此可見其剽悍之神情矣。

自宋以後，飛爪一物用者漸眾，沙場爭鬥，恒有用以制勝者。迄乎明清，習武之士，都捨馬而步，所用兵器，亦捨長而取短。江湖義俠之流，恒以刀劍鞭鐧等器為歸，而以各種暗器佐之。夜行人則必有一百寶囊自隨，囊中所貯，則千里火、筒薰香、十三太保、飛爪等物，及應用救濟之藥物等等，蓋夜行人之視此囊實甚重要，故名百寶囊。此風今北方猶盛，南方則僅見耳。至夜行人所用之飛爪，類皆以為翻屋爬牆之用，若以之為暗器而襲人者，則十人之中，不及一二焉。

唯越東有毛氏子者，幼即投身津沽某鏢局為夥，鏢局中來往者極眾，江湖義俠，綠林渠魁，皆相結納，其間不乏技術超群之士。毛氏子短小精悍，其技本已可觀，更於此濟濟群英中，虔心請益。人以其誠意向學，亦樂為之指撥。居三年，技大進，可敵百人。適有山西著名盜魁榮康過其地，訪鏢局主人。江湖慣例，凡設立鏢局者，可分為二種：一種即專靠一二人之武術，為人保鏢，如遇綠林中人，則以武力折服之，兩方不通聲氣，與綠林為對抗之局，此所謂靠武藝吃飯者也。唯其保鏢也，必以一技術超群之人為護，始免意外。另一種則完全與綠林中人通聲氣，鏢過其境若干次，則筆之於簿，年終結算，從所得之酬勞中，提取若干成，以壽綠林。此所謂講交情吃飯者也，其鏢則不必以人隨護，但插一鏢旗足，以投保者必須以人從，則任派一人，即不諳武事者亦可隨護。唯此講交情者，綠林中人或過其地，必殷勤招待；無名之流，僅供食宿，臨行或略致路費。若渠魁之至，則必張盛筵以款之，臨行又須贐以厚幣，慣例然也。

榮康固綠林著名之人，鏢局中人，自加意奉承，席間命毛上菜。榮以其豐儀甚美愛之，詢所學，具以告，且命試之。毛出生平所學，甚得獎許，並謂之曰：「予以飛爪天王著名江湖間，生平未嘗以技傳人。今得子，可以傳我技矣。」乃與偕行，留其家者三年，得盡其技。辭歸，仍操舊業，每為人護鏢，不從行，亦不插旗，但以飛爪一具懸車右，所過之處，綠林中人見之爭相告曰：「此飛爪天王之徒毛某也。」俱無留難，而毛亦以是享盛名，然其飛爪之技固未嘗一顯於人前也。

某歲護鏢走關外，以與其地綠林，素無交往，恐有疏失，親自隨護。至某地，天昏，無所投宿，道路又不可辨，乃就林密處，屯紮以待曉。夜將半，忽有鳴鏑聲起，知為盜至，毛戒備以待，並戒餘眾勿嘩，靜俟之。俄而盜至，約三十餘人，為首者狀甚魁梧，用一鐵鎚，大如瓜，望而知為勇武絕倫者。見毛倚裝微笑，甚怒，叱曰：「爾即護送此鏢之人乎？」則笑應曰：「然也。」曰：「既為人護鏢，必有一技之長，如有膽者，盍來一交，否則留鏢於此。」又笑曰：「無絕技足驚人，粗知皮毛，不敢言交量也。若留此鏢，則無以對投保者，奈何。」言時仍倚裝不稍動。盜盛怒，舉鎚前趨，未及五步，毛一揚手而爪發黑暗之中，盜不及見，爪近見之，避已不及，中於肩，竟為所執。語群盜曰：「速退，容當釋爾魁，非然者殺之矣。」眾欲保其魁，皆散去。至天明，乃釋魁而語之曰：「子不聞綠林中有飛爪天王其人乎？是即予師。過此境宜納資以結交禮也，而子欲以力致，誤矣。若非視江湖情面者，子且無生望。」魁聞語，謝過而去，蓋亦榮康之羽翼，以未知毛，故露面也。

九、飛 叉

飛叉之構造

叉之一物，大概可分為二種：一為兵器，一為暗器。兵器之叉，長約三尺，頭分三股或五股。股之相會處，則裝以二活絡之盤。其後則為柄，柄或以堅硬之棗樹、栗樹等為之，或竟用鐵鑄與叉頭鎔合一處，執於手中掄舞，其法實至呆笨，蓋亦以叉之所以成為兵器，另有一段趣史故（**其事詳見源流**）。後人改為飛盤旋舞，即今之所為弄鋼叉者是矣。

叉而已弄，是明其為悅目遊戲之具，而不適於戰鬥之用也。

至於飛叉，其式樣完全與上述之叉相同，但較小數倍。其叉盤則有用有不用，不一定也。唯全部皆以鐵鑄，長約九寸，叉頭占三之一，約三寸左右。其股數抑或三或五，尋常所用，以三股為多，中一股挺出如槍頭，左右二股，則作半圓形，環抱於中股之兩側，上端近中股處，亦有銳利之頭，而半圓形之外側，亦為薄刃，甚鋒利，三股相合，略成一圓圈形，唯中股特長。其柄則近叉處較細，愈後愈粗，約長六寸。每叉之重，約在一斤之外，二斤以內。每九叉為一聯，用軟皮插袋盛之，斜縛於肩背之後，與帶飛刀相同。

唯飛刀則刀柄向上，此則叉頭向上，為稍異耳。但各種暗器，以應用之不同，與夫發射之手法各異，其帶法亦因而變化。但無論何種暗器，無論帶於何處，要須合於應用時之便利，可不必拘拘於陳法也。

飛叉之練法

各種暗器，以形式之不同，手法亦因之而異。如鏢用摔勁而兼用推送，飛蝗石專用撇摔等是也。唯此飛叉之物，又與以上各暗器不同，以手握叉，則握其柄之最細處，靠近叉身，且一把統握，虎口向柄之後端，以腕外側貼近叉身。

發叉則完全用射發之法，其用力之處，則在小臂與腕，在叉將發出之前，宜高舉頂上，猛力向後一挫，順勢向前撑去，手掌一鬆，叉即飛出。此為正射。若以手握叉反掌向上，虎口向後，臂先向外宕，然後屈肘逼回，使叉從旁側射出，此為側射。若以手握叉，反掌向下，而將臂宕向內側，然後向原方向射出，此為撇射。若握叉在手，以虎口向前，叉頭向後，先向前一送，然後亟收回，將叉從肩上或脇際向後射出，則為反射。四法除正射無可比擬外，側射撇射，則如流星鎚之撒撇，反射則如脫手鏢之回手鏢，大略相同，亦可參看也。飛叉之靶，以木為之，即用脫手鏢之靶，亦無不可。練者立離靶一丈處，發叉射之。先習正射，距離則由近而遠，以百步為率。射靶則由大而小，以最小為止。正射練至精純之後，更練側射。人側立，而以不握叉之肩向靶，依上法練習之。練熟之後，更練撇射。撇射人亦側立，但以執叉之肩向靶。至如反射，則須背靶而立，扭身覬的而發叉。如此按步循序而練習之，如有二年苦功，其技必有可觀矣。

發叉中的以中股為標準，其左右二股，雖亦有尖銳之頭，但以較短之故，足為輔助中股之用，而不能以之單獨取的也。若是則此二股之設，似屬多事?亦不然也。蓋用叉取人，而人或僅避過此中股之鋒，而旁兩股之外緣，固設有利刃，亦足使敵人受傷，且其中部凸出甚大，敵人不易避免。一物之設，必有其用。至如用盤，亦利用其聲而亂敵人之視聽，然後乘便取之，亦非無故者也。

飛叉之源流

叉之為物，其形狀用處，已如上述，而發明之者，究屬何人，此亦人所急欲知者。其間實含一段外戰之歷史在焉。當明之世，倭寇作亂，近海之處，都遭蹂躪，且其來去無定，防不勝防。官軍至，則寇遠颺；及去而又至。其至也必伺無軍之港而入，劫掠數日，滿載而去。

近海居民，不勝其擾，苦之。有福山港附近之農民金姓者，兄弟共七人，皆孔武有力，與鄉人共謀自衛之策。知寇之登陸而至也，乃率膽壯者數十人，以布纏裹其身，足裝木撬甚高，又以顏色塗面作神狀，苦不得兵器，即以種田之耙鋤等物，敲之使直，以當兵刃。深夜寇至，眾鼓噪而攻之，寇見狀，疑為天神，皆駭汗，不敢鬥，狼狽奔潰，死傷無算。次日復偵之，又為所敗，遂遠遁。附近居民，皆感金氏兄弟德，其扮天神之事，亦稍之外揚。而農人輩即以其敲直耙鋤而名之曰叉與鏟，此有叉之始也。明年倭寇又至，偵知其事，大憤，乃率眾焚其村舍，盡殺金氏兄弟，而鄉人之死難者，亦數十人。會戚繼光率兵至，寇始遁。戚聞其事，嘉其義，據上聞，乃封金氏兄弟為七總管，准建廟祀之，故今常熟各處有所謂總管廟者，即祀金氏兄弟；而有喪師之像，即演其扮天神之狀也。叉之來歷如此。

至於飛叉一物，則必更後於是時。以愚意測之，大概有好武之士，因鑒於飛刀飛鎚等法，而發明此飛叉也。飛叉此種暗器，在江湖上用之者甚少，非若鏢與袖箭等之幾於無人不習也。有清道咸之季，太湖有水寇陳雄者，跋扈異常。言者謂其技絕精，尤以飛叉與水性為卓絕人寰。

蓋彼能於波濤洶湧之太湖中往來出沒，飄忽不定，且能伏水底一晝夜，不出水面安然伏處，如吾人之居於陸地。其與人爭鬥，則短刀之外，輔以飛叉。其叉能百發百中，射至百步以外，取的之準，膂力之巨，皆足使人驚駭，以是江湖上稱之曰飛叉太保而不名。唯陳雖為盜，於鬼神極敬事，每日必焚香燃燭，禱於神前，求其福佑。一日夢神至而語之曰：「綠林本英雄暫時棲身之地，豈可視為終老之鄉，以汝之技，正可有為，乃甘於為盜，殺人越貨，造孽深矣。若不速改，天雷將磔汝。我以汝事之虔，故相告語。為善為惡，唯汝自擇。」語已不見，陳醒而驚異，遂去太湖，不復為盜。時適湘省練水師，陳即投於彭玉麟部下為護勇，出戰則身先士卒，屢以飛叉建奇功。敵有遇之者，輒相顧失色，奔走告語曰：「此飛叉太保陳雄也。」其威望有如此者，後積功至統帶。時年已邁，乃辭歸歷下故里，而以武術課其孫。而陳氏之飛叉，世代相傳，非江湖人士所能得其傳。

先師陳鳳山，實出其系，故能飛叉。據其自云：「所學之叉法，雖係秘傳，而未能盡得飛叉太保之技，蓋陳雄之後，非子不傳，若外人之非陳族者，即先師之技，亦未可望也。」先師常與予等薄遊鄉間，見群兒據池畔，以漁叉擬游魚，爭相刺射，而命中者，十不一焉。以叉固用鐵絲所製，而以竹竿貫之，簡陋特甚，欲以取魚，固難能也。陳師見獵心喜，謂群兒曰：「以叉授予，當為爾等致巨魚。」群兒皆喜，授以叉，陳師一一受之，握於左手，而以右手握一叉，命群兒視魚所在。俄而水花起處群呼曰：「魚在是矣！」叉應聲發，殺一魚，群爭掇之，甚巨。以後每發必中，所獲魚如其叉之數，未嘗一爽。群兒皆喜，復請益之。陳師不固卻，凡四周，則各得魚四尾，雖巨細不等，然足供一餐矣。師自謂不精於飛叉之技，且自諱殊深，觀其應手得魚，在予曹視之，其技固已神矣。

蓋魚在水中，游行不定，其體又小，而能於數十步之外發叉，應手而得，是老於漁者所不能也。若以之襲人，寧有避過者乎？陳師之技如此，而猶力自隱諱，不敢自居，是可見飛叉太保陳雄之嫡系，其叉法必猶有過於此者。惜居其地者暫，雖曾識陳氏嫡系，不敢冒昧於求，故未能得其秘奥，殊可惜也。故僅述陳師取魚事，亦足使世人知其一斑焉。

十、飛　鐃

飛鐃之構造

鐃鈸一物，本為樂器之一，初非武器也。以銅鑄，大小不等，形圓，居中有凸起，亦圓形而類浮漚。凸起之正中有一孔，蓋用以貫索者。其凸起即為握手之處，全部作握手之處堅厚外，餘皆肥薄，四周邊緣，其薄更甚，竟如鋒刃。兩鐃相擊，鋃鐺作聲，用以為諸樂調和節奏者也。小者周數寸，為尋常所用。其大者周至數尺，出扶南高昌疏勃等國，皆樂器也。

至如用為暗器之飛鐃，亦可分為大小二種：大者對徑約在一尺以外，四周邊緣皆薄而鋒利。尋常以銅鑄，然亦竟有以純鋼鑄成者。以索貫其中心，持索舞鈸，遙以擊人，有如繩鏢。但舞動時，鐃除依索所至外，必自旋轉不已，即利用其自已旋轉之力，以緣刃銼人。其小者則對徑約在五寸左右，雖亦有凸起之握手，然中間無孔，亦毋須貫之以索，即以一手握其邊緣，向前掖出，使鐃旋轉而出，以取較遠之敵，其著力處亦在四周邊緣，旋銼如鋸。總之此物之制人，非若鏢箭之衝刺，亦非若飛刀之砍斫，純在其旋轉之力。

蓋一片飛鏢，著在人身，其力量亦至有限，但在一旋轉間，則其劃裂之勁實大，無所蔽障之處，固能愈旋愈深；即有蔽障之處，經其劃裂，亦能破障而入，故此物實難抵禦。且其出也，必平飛而出，周圍約占一尺以外，即欲趨避，亦須避免過其周圍之尺寸，始可免害，此則非僅較鏢箭等為難避，抑且較避流星鎚為尤難也，洵暗器中之怪物也。

飛鐃之練法

飛鐃既有帶繩與不帶繩兩種，其練習之法，亦因之而不同，茲請分述之。凡練帶繩之鐃，較不帶繩者為易，其功效則較小。練習之法，先須握住握手緊靠處之繩，反舉向上，而以拇指之端，頂在小孔處，更以中食二指，壓迫其握手之側面，用力向前搓去，使鐃在拇指上旋轉不已，力盡鐃停，更以中食二指，如法搓迫之。蓋鐃之制人，即完全靠旋轉之力，此即所以旋轉之勁也。

練若干時後，更練舞鐃，即如上法，搓鐃旋轉之後，即將鐃飛出，而以活把放繩，至末端時，即緊握之，左右翻舞，而鐃則一面隨繩之方向而舞，一面仍自旋轉不已。須練至不必以手搓鐃，在發出時僅須將繩一抖，而鐃即自能旋轉為止，至此則可練取的之法矣。

靶用土垣，在垣上畫一裸體人形，不必有足，僅畫上部可耳。其取的之法，不外橫破、直破二種，所謂橫破者，即將鐃起平頭花，或翻舞之後，從平面掖而破的也。所謂直破者，即起側面花，或於翻舞之後，從上面蓋下以取的，或從下面泛起以破的也。其餘尚有斜破之法，即合橫破、直破二法而並用之也。至於取的之程式，亦由大而小，由近而遠。唯以鐃之軟索，至多長一丈二尺，故其取人，亦當在一丈左右，過此則不能及矣。唯練帶繩之鐃，亦正如流星鎚之專練摔打，一舉手即易為人所窺破，且以斤兩不若流星鎚之巨，則人可以兵刃撥擊而避之。故其功能，不及脫手之鐃，舉手即發，攻人之無備也。

練脫手鐃之法，先練拋接。所謂拋接者，即以一鐃向上拋去，待其落下而接之也。在上拋之時，不能用直勁，宜於拋勁之中，略帶蓄勁，此亦所以練鐃之旋轉力也。蓋不帶蓄勁，則鐃必直上直下，不能旋轉；不能旋轉，則鐃之功用，完全失去矣。其發力也，當以腕而不以臂，因腕之上抬下壓，圓轉如環，易生蓄勁而鐃旋轉也。若臂之力則係直勁，故不宜用。一片之後，練兩片，如此由兩片而三片四片，以至於八九片，逐漸增加，兩手更迭行之二年之後，其腕力自足，而飛鐃旋轉之勁，亦可驚人。然後更練取的之法。其法亦止橫破、直破、側破三種。可與帶繩鐃之取的法，互相參證而發明之，不必贅述矣。

取的命中，大約須一年純功。統計前後，共須三年有奇，始克完全告成。練成此法之後，其上乘者，飛鐃著物，即堅如青石，亦能銼鋸使一槽，餘可概知；其次者亦能斷樹折柯；即最下者，凡略脃弱之物，當之亦無不立破，若我人蔽體之衣服，曾不足當其一挫也。用帶繩鐃者，大約都帶二片或止一片，蓋可立刻收回復用也。至如脫手鐃，則帶者都九片或十二片，且其凸起之握手，亦漸次縮小，可以逐片套入，併成一塊，用時則以手搵其中間凹處，即可一片片應手取出矣。其帶法則用一弧形之袋，縛於背上或腰際。

飛鐃之源流

考鐃鈸一物，由來甚久，不過皆用為樂器，實創始於南齊。時有穆士素，善造樂器，鐃亦為彼所造，本名銅鐃，蓋鐃以銅鑄故也，今則統稱鐃鈸，僧道之流，則稱之為法器。至用鐃以為武器制敵者，則其法非始於中土，而為西域番僧之秘傳，在唐代始流入中原。蓋番僧木里烏者，曾挾技遊中土，其人工吞刀吐火之術，又能以符水為人治病，亦頗有效，以是所過之處，人皆以大法師稱之而不名，且嘗以飛鐃之技示於人，於是人爭習之。

然其初時，亦止僧道外教者流，從而學習且炫為法術，用為護教之法。及後俗家人知其說之妄謬，好學武技者，亦都以其新奇而學之，流傳乃漸廣矣。及乎近世，僧道外教，非但練者極少，即有練之，亦不復以為武器，專以供人之賞玩。有如江湖技士之弄幻術然。吳中僧道，則以此飛鐃之戲，為喪事中之點綴，而易其名曰弄綿帶。

吳中舊例，凡家有喪事，七中召們道廣修齋事，三日五日不等，其間除諷經禮懺外，必有弄綿帶，在靈前戲技，約一時許。弄者爭出所長，以媚觀眾，凡抛接盤、弄堆疊等等，無不畢試。技之高者，亦甚可觀，然僅能悅目，不切實用，若以飛鐃制敵之法，其技反不在於僧道外教，而在於江湖武士矣。有清同光間，海道未通，由吳下入京，必取道清江浦，然後走旱道，必經徐州山東等處，其地固盜賊淵藪，若稍有行李及貴重物品者，非有保鏢，不能安然過其地。

有某氏子者，其父固官於外省，適以某案為仇家所陷，將受嚴譴，子聞其事，急輦重金入都，欲謀救父之策於權門。道出清河，止於逆旅，唯以一老蒼頭自隨。俄又一客至，方面長髯，儀態威猛，雙瞳尤奕奕有神，聲音洪亮，令人望而生畏，入逆旅見某氏子與僕，微睨之，入對室去。

次日某氏子登車就道，客乃乘一蹇騾，尾車而行，相距甚邇，以為同路，亦不之疑。及暮投宿，客又同寓，次日復相尾而行。行止與共，次日復然，蒼頭疑客為匪人，密告其主人曰：「今日之事，甚危殆。客似非善類，尾予儕而行，其心固不可測，今日當過韓家溝，其不免乎。」某氏子雖驚，顧亦無如之何，唯聽其自然而已。

次日過韓家溝遇警，盜眾八人，持械而至。御者見之，即躍下立道旁。此江湖規例，若不然，禍且及御者。

盜以其主僕荏弱，叱使下。某氏子據情哀告曰：「車中金將以贖父命，若將去予父死矣。父死則予何以生，一家五口之命，皆繫於此，請義士憐而釋之，當不忘報也。」群盜不允，將殺之，刀甫舉忽金光一閃，有物飛之，盜已斷其一臂，刀亦墜矣。視之則客方乘蹇騾至，語某氏子曰：「遲來一步，子已遇險矣。」群盜見之，俱大怒，環而攻之。客左右避，徐出飛鐃一疊，旋避旋飛。七盜不知所避，皆削去一左耳，踉蹌而遁。客仍拾其鐃，疊置懷中。

某氏子再拜謝之。客曰：「爾曹少不更事，携巨金走險道。予早知其有今日矣。尊翁非某公耶，予昔受其惠，故暗中相護，而子猶疑予為匪人也。」某氏子奔角謝置，相與連鏢俱發，詢其姓氏，不以實告，但曰：「尊翁自知之耳。」至德州始告別，曰：「前面皆途可無慮矣。尊翁前為言鳳台半俠請安也。」言竟拱手而去。及抵京，奔走於某公之門，幸得無事，後即以途中所遇事言於父，且詢其人之來歷。父為言之，始恍然。

蓋某固曾為鳳台令，曾有逆子忤其老父者，父不堪，哭於途。事為一門姓名半俠者知，語翁曰：「翁有子而受其忤逆，不若某之無子矣，當為除之。」竟殺其子，而自投焉。

某以其人有古俠士風，不忍加罪，且翁又不頂告，故薄責而遣之。某子所遇，即其人為焉。報施循環，有如此者，佛曰：「予人方便，即自己方便。」其信然也。

十一、擲　箭

擲箭之構造

擲箭之法，又名竹箸代箭術，北方人亦稱之為摔手箭，蓋不用弓弩箭筒而空手發箭也。其法分甲乙丙三步，故其箭亦分甲乙丙三種。

甲種箭純以鐵打成，長九寸，粗如小指，上端為簇，成三角形，與弓上所發之箭相同。箭幹則近簇處細，而愈後愈粗，用以調勻分量，使發出時可依直線前射，不至有所欹斜，以末端無羽之故，必須前細後粗也。每箭之重，約在十兩左右。此項鐵箭，僅供初步練習之用。若欲隨身攜箭，則亦如袖箭之以每十二枝為一插可也。

乙種箭則以鐵與竹兩物合製之，以鐵為簇，狀如甲種箭，而以竹為幹，安簇於其端，而末端則加羽，以箭杆既為竹製，其量甚輕，發出時最易飄忽，故必加羽以正之，若無羽即不易命中。此種箭式，完全與硬弓上所用者相同，但較小耳，每箭長約八九寸，重約二兩以外，三兩以內。製箭幹之竹，務須堅實正直，忌彎曲，尤忌中間有節，故非加意選擇不可。此箭亦僅供第二步練習之用。功成之後，即無須乎此。

丙種之箭，則完全以竹製成，既不用簇又不用羽，但削竹使成渾圓，前削而後豐，略如竹箸而銳其端，餘無特點。蓋練此擲箭之意義，完全在取其便利。功成之後，即竹箸樹枝之類，亦可用以代箭而致敵人於死命。夫竹箸樹枝之類，固到處皆有，俯拾即是，惠而不費，其便利固非他種暗器所能及，而功效實過之，宜江湖上學之者之眾矣。且練成此功者，以類似箭形之物，皆可代箭。其物又到處皆有，固不必如其他暗器之必須攜帶，故表面猶可示人以不用暗器，舉手發箭，人自不易防矣。

擲箭之練法

練擲箭先須練腕勁，因擲箭須能擲至輕之物為能事也。若有重量之物，如流星鎚則力足以發鎚，即足以傷人。若飛鏢等，其分量雖輕，究竟尚有數兩，且為金屬所製，頭端尖銳，易於深入。若以手發一二三錢重之竹箸，而亦欲其功效等於鏢叉之類，而可以穿肌貫革，是非有絕大之腕力，實難望其能如願以償。練擲箭之所以必須先練腕力者，亦以此也。練腕力則從劈山掌等法入手為佳。其法詳《練軟硬功秘訣》，故不贅錄。待腕勁練至有相當程度時，則可進而練擲箭。握箭之法，一把統握，虎口向箭之末端，而掌之外側則與箭頭同其方向，所握處當箭之居中，而向外擲之以取的。其握法擲法，完全與飛叉相同，可以參看。練習擲箭之靶子，用土垣或沙袋，在靶上畫大小不等之圈若干。初步用甲種箭練之，人向靶而立，相距約一丈，然後如法握箭，擇最大之的投擲之，待命中後，更擇略小者射之，至最小一個為止。箭沒入須及其半始可。如不能，則宜仍勤練之，至能箭之命中沒入半寸，則可以移遠數尺更練。以後漸移漸遠，至百步為止。

甲種箭練至能發百步，腕勁已可觀，其箭雖不能完全沒入，亦在箭身三分之二以上矣。乃更練乙種箭，亦自相距一丈處練之，此時取準已易，唯自十兩左右重之箭，驟易以三兩左右重之箭，發射時必感輕飄，雖能中的，勢難深入，若不加用腕力，隨手而發，則箭與靶相抵而墜下，不僅不能入也。故此一步功夫，實較第一步，為難而費時亦多。若欲乙種箭亦能沒至全部三分之二以上，至少亦須一年半苦功。在一丈處能沒至三分之二，然後更移遠，亦以百步為度。然後更練丙種箭，亦起自相距一丈處。此步功夫，最為難練，蓋自三兩左右重之箭，而驟易三錢左右重之竹枝，輕重懸殊，固已難矣，而甲乙兩種箭，雖分量相差亦甚巨，究有尖銳之箭鏃，可以破堅而入，此則並箭鏃而無之，欲憑竹枝之銳端破堅而入，則其難更不待言矣。

練成第二步功夫之後，腕力自已不弱，但初試此輕飄之竹箭，實不能指揮如意，甚或以輕飄之故，無從捉摸，非但不能沒入，並的亦不能命中者。勤練至一年半之後，當亦可以命中而深入也。至此第三步功夫練成之後，則便利非常，即一箸之細，一枝之微，亦莫不可以代箭，而置人於死命。當之者，鮮有不穿胸洞脅者。雖較別種暗器，多費一二年功夫，亦甚值得也。至其發箭之手法，則與發叉無異，可參看也。

擲箭之源流

擲箭之法，由來至古，蓋始於投壺也。考《禮記・投壺》，為主賓飲晏時，用為娛樂之具。設一兩耳之壺，人遙立持矢投之，中則以酒為賀。有雙貫耳、單貫耳等名，亦行酒之法，初未以為武事也。及至後世，武器固日益增多，而各種暗器亦於焉層出，乃有人依投壺之古法，從而改變之，則成為擲箭。或曰蠻夷之地苗人多山居而野處，其用避毒蛇猛獸之侵凌者，唯恃標杆槍耳。凡苗人之族，男婦老幼，類皆以標杆槍自衛，耳濡目染，習之有素也，且行於山野，又能以之飛射高遠之處而取飛蟲禽鳥，百不爽一，技甚神奇。中土之有擲箭，即源於是。

予則謂未必然也。夷夏不通往來，中土之人，又何從窺其技，且其所謂標杆槍者，其大小輕重，既有不同射的之法，豈無稍異。故愚則謂擲箭實變投壺之法而成，非取法自苗人也。且據武術上考察所得，竹箸代箭之法，實出於少林。在唐時少林寺僧曇宗者，即創此法，用為暗器，唯不輕易傳人，相戒每一代以一人承衣缽，免絕傳。自後相傳不替，及清初，朝元和尚得其技，始遍傳於世。

蓋朝元和尚者，實明之宗室，名朱復。因明社邱墟，故削髮入空門，然中懷所繫，未嘗忘覆清也，既至少林，盡外派技擊之能能事，乃不復守前人傳僧不傳俗之訓，廣為傳流，冀有志之士，圖所以恢復之道，而此竹箸代箭之法，始見於江湖。甘鳳池名震一時，亦朝元弟子，然猶未盡其技，而金陵道上，已爭相傳說其軼事。某歲甘適由北路訪友回金陵，途經浦口，入酒肆果腹，而有一瘦弱少年先在，各不為禮。俄甘所呼之酒菜至，其人忽攫食。酒家執不可，其人不顧，食已半矣。甘重命酒家進酒菜如前，既至其人，又攫食如故。甘知其撩己也，大怒謂之曰：「何方鼠子，不知甘鳳池在此耶。」其人如不聞，食竟始睨之而笑曰：「少林家法，反清復明，汝乃棄順效逆，猶敢自道姓氏，辱沒我師矣。」甘以其言有異，羞且憤，徑取空杯擲之。其人接置於旁，以大中食三指拈一箸，笑顧甘曰：「來而不往非禮也，請受此箸。」言未必而箸至，甘知不敵，急閃避之，砉然一聲，箸中於柱，插入約半尺許；而第二箸又接踵而至，又避之，中於門，竟洞板而過。甘至此，知不可留，乃飛身衝破屋頂，踉蹌而去。而攫酒食者猶笑語送之曰：「甘鳳池，且緩爾步，防為石子絆跌也。」其人者，未著姓氏，不知誰何，就其語氣中觀之，似亦朝元和尚弟子也。

十二、飛　刺

飛刺之構造

飛刺一物，本為一種極短之兵器，為水戰時最便利之物。有三棱刺、峨嵋刺等名目，其實功效相同，唯形式略異耳。三棱刺者，形略如鏢，中粗而兩端尖銳成橄欖形，其居中則有一環束之。環活絡，可以移轉。環之上又綴一圈，用為貫指之具。每刺長一尺二寸，中間握手處無鋒刃，用者必以雙，未聞有用單刺者。一對重約三斤，純鋼打成。至如峨嵋刺，則渾圓而無棱，其餘各部則皆與三棱刺相同。用此物為兵器，甚不多見，握刺時則以中指貫於活落環之圈中。其用以制敵者完全在兩面之尖頭，故其法亦僅有刺鑿插釘等耳。此物在陸戰時，以其短小，不見如何，在水戰則頗便利，以其不擋水故也。至若用為暗器之飛刺，則形狀又略異於是，長約七寸，細如筆管，中間隆起為握手之用，頭尖銳如箭，三棱渾圓皆可。每刺重約六七兩，以十二枝為一排。帶刺之袋，有如箭插，帶於肩背腰脅間皆可，中間並無環之束縛，亦無圈之貫手，此與兵器之刺，不同者也。其實此項飛刺，與飛叉擲箭等法，大同小異，唯以物之形式不同，故分述之，是亦練習者所好，擇而應用也。

飛刺之練法

飛刺與飛叉擲箭之練法，大略相似，唯以其為橄欖形，故不能同其發勁。握時亦一把統握其中部，發出時腕力一出，急宜鬆手，而撒開指掌，亦宜迅疾，若稍遲緩，在無棱者尚不至如何，僅略阻其射發之勁；若有棱之刺，且以此而自己擦傷其指掌矣。此最須注意者也。至其射法，可分為正射、側射、反射、背射四種。

握刺在手，高揚頂上，略向後挫，從正面射發而取的者，是為正射；握刺在手，向外一揚，轉由內側發射而取側面之的，或向內側一揚，由外側發射而取側面之的，皆謂之側射，猶流星鎚撇撒之法也；反射則將手中之刺向前一揚，由肩頭或腰脅間發射而取後面之的。

以上三種射法為各種暗器手法之最普通者。飛叉擲箭，均有其法，不僅飛刺然也。唯背射一法，即為飛刺所獨有，蓋即執刺在手，向前一卓，由頭上向背後發射而取的也。

以上三法，刺皆由掌側處發出，而此則獨由虎口處發出也，此蓋以刺兩頭皆有銳尖，故能用其法；各僅有一銳尖之暗器，則不能用也。練飛刺之靶子，用土垣或木板皆可。按手法之次序，由近而遠，循序練習之，大約三年之中，必可有成，以其技固不似擲箭之難也。然練習雖易，其功效則不能及擲箭之便利。

飛刺之源流

峨嵋刺一物，始於宋代神宗時俠輩出，有道士衛姓者，發明此器。蓋其人素習水性，感在水中之用別種武器，往往為水浪所擋隔，而不易使展，不若用刺之為便利也。至清初時，始有陝西清涼寺僧圓覺者，以刺為暗器，而飛射刺人，即今江湖上所通行之飛刺法也。在初流行時，人固以其法之新奇，而爭相學習，然隔若干時後，又捨而求他，此人心無恒耳。迄乎近時，火器盛行，各種武器漸失其用，而學者忽之，此飛刺幾不復見於世矣。

有江南生者，美豐儀，擅文辭，唯限於命，困頓場屋，屢試不售，心甚憒憒，乃棄其學出資經商，為行賈於外，歲暮一歸省耳。數年之間，積資盈萬，居然小康，猶往來各地，營什一之利。某歲過蘇門，見有老嫗以其女求鬻者，詢其所以，則泣對曰：「老婦遼人也，與夫女二人，避仇經此，不意兒父竟病，止逆旅中，醫藥宿食，在在需錢，所攜無幾，數日間盡矣。資盡而兒父竟長逝，無以理其喪，思維將此女鬻之於人，求數十金以埋兒父骨。至於老婦，風燭殘年，即填溝壑無怨也。但冀此女之得人而事耳。」生聞其語，憐之適經紀大獲，即出三十金予老媼曰將此金去，殘葬爾夫，事畢若無所投止，則偕女俱南，予家某處，可尋往也，老媼命女隨生去，女固依依，生亦不忍，止之曰予囊中適有奇贏故舉以相助，豈敢乘喪亂之時而離人骨肉哉，媼拜謝至再，詢居停之所而後去，越三數日，媼送女至其居謂生曰：蒙厚惠先夫不至暴骨於野，存歿感之不知所報，老婦止此女頗不愚魯原以奉報，命侍巾櫛，生以有婦對則曰造之可也，更不然者，即婢之亦無不可老婦蓋以君為可托，故以息女相累，得侍君子，老婦雖死，目亦瞑矣，生以其誠納之並留媼同居，相約於幾暮南歸也，生經營頗順利，是年所獲較恒年且三倍，乃束裝車，滿載而歸，途經魯皖邊界，忽有數騎相隨而行，騎者皆壯漢，面目頗非良善，女悄謂生曰：今番遇暴客矣，生固庸懦，聞而大懼，無以為計，女笑曰，郎毋驚如有警，請鎮定毋恐凡事皆有予在茲數人者，或不足敵予也，旋言，旋就竹箱中取二皮鞘出，纏腰背間鞘中所貯，則赫然鋒利無比之三棱鋼刺也，生以是知女固能武者，益敬愛之，是日宿逆旅，騎者亦投止，以在鎮故未發次日上道，所行皆荒僻四無人煙騎者乃嘬口作嘯聲，以示其曹車立停，眾騎環其車，車簾乍啟而女探身出叱群盜。盜欺其孱弱笑而顧他，且出非禮語。女知不可理喻，遽拔刺射之，三發而三盜墜馬下，眾乃譁。女發刺不絕，俄頃之間，傷者五六人，盜始狼狽遁去，御者睹狀亦驚異且語女曰：姑姑之技固已神矣。然巢巢甚邇，茲數人負傷去，心必不甘，若空群而至者，以一敵眾，姑姑其殆矣，女笑而不答，但命御車行耳，生至是心雖服女之技而猶盜至如御者言，深為不安，女知其意，慰之曰：無慮也，若曲果者，即不須勞手足，一言亦足退之矣。生不解其意，亦唯坐以待變而已，車行又廿餘里，盜果大至，御者懼逃入叢林中，而女自出為御登轍語盜曰：瞎眼賊竟不識遼寧白雲娘耶，屬敢前者，祭予鋼刺。

盜眾聞語猶豫似不信，而女出刺擬一盜曰：有眼不識姑姑，合當抉眸子去，發刺而中一盜之目，始大譁曰如此飛刺果刺蝟白鶴皐之家傳也，相與散去御者始出，驅車而行，安然抵江南，生詢刺蝟白鶴皐何人，女以實告，蓋鶴皐固女父，亦綠林中人，以擅飛刺故人以刺蝟稱之，以與官軍戰而敗，故逃入關以箭創潰而死，曩言避仇者偽也後女從生終老，亦無他志有人見之，則云係一清豔絕色之好女兒，固不類盜女，亦不信其技術之如是精純也。

十三、狼牙鎚

狼牙鎚之構造

狼牙鎚本亦兵器之一種，亦稱狼牙棒，有長短二種，長柄者則雙手合用一柄，短柄者則每手一柄，其狀與臥瓜鎚相似，鎚頭係渾圓形，周圍約一尺，長亦如之後裝一柄，以鐵鑄與鎚頭融合鎚之四周，則有無數銳利之鐵釘附其上，長約寸許，有如狼牙之錯雜，故得是名。

其長者柄約三尺以外，與斧鉞等相似，其短者柄約二尺以內，而柄之末端正則附有千斤套腕索，此兵器中之狼牙鎚也。至如暗器中所用者，則異於是，鎚為正圓形，可分為前後兩半，前半則附有長寸許之鐵釘，銳利無比，釘頭皆向前，其後半部則並無一釘，與流星鎚同後半部之末端，則有一環，此環並不活落，一以貫索，一以為發鎚時握手之用，鎚之大小，視人之腕力而定，大約三斤至七八斤，其擊鎚之軟索，則與流星鎚完全相同，末端亦有千斤套腕索，此種狼牙鎚，以有狼牙之故，推帶頗須注意，因狼牙非但頭上尖銳，即兩側亦甚鋒利，若一粗忽每易自傷故帶狼牙鎚，必須用堅革製成一囊以盛囊為缸形，口甚敞兩旁有皮帶，纏縛腰際其深約及鎚三之二，廣則羅鎚周略巨，將鎚盛其中，擊繩處之環，則必須露於囊外則取時便利其餘束軟索等法，則與帶流星鎚及繩鏢相同，可以互證不必細述矣。

狼牙鎚之練法

狼牙鎚之練法，與流星鎚不同，因流星鎚以手握住鎚頭，用直勁向外擲出，此狼牙鎚以有狼牙之故，不能統把握鎚其鎚末之銅環，即為握手之用，唯以其握不發鎚，故不能完全直勁擲出，而必用拗折之勁矣，必用拗折之勁，則發力之處，亦不能使用臂膀之力。宜以腕力為主而輔以臂膀之力。

握環之法，則先以四指插入環中，而以大指攏其後，緊緊握住，向上提起，欲發鎚時，先須提至當面，與肩相平，然後將腕猛力上翻，使鎚豎直此一翻腕實蓄力不少，乃一面折腕向下，一面仗臂膀之力，將鎚外迫一鬆手而鎚即擲出矣，以鎚量甚重之故，折腕發之，頗非易易。腕力必須於平時勤加練習，至有三十斤以上，始可勝任而進以學發鎚取的等事。

此鎚與流星之手法既不同，其取的之點，亦因之而異，流星鎚純靠重量擊人，而此鎚則完全靠狼牙以擊刺，人為所中，則所著處必成蜂巢，有死無生，較為毒辣。其靶子亦用土垣，上畫人形，大小與人體相等，先自一丈處練習之，以後逐漸遠，以三丈為率，所用之靶亦可始終不變，不必如別種暗器之須隨時縮小也，練此狼牙鎚者，由腕力起以至鎚能百發百中，大約亦須三年左右，且此物實力不充之人，萬難使用，諺所謂鎚鑣之將，不可輕敵，蓋言其實力之巨，雖指兵器，然此狼牙鎚之為暗器，固亦不能獨異於是也。

狼牙鎚之源流

狼牙鎚之形式，實脫胎於狼牙棒。考王晫《兵仗志》，謂「兵器名，取堅重之木為棒，長四五尺，置直針於其上，如狼牙者，為之狼牙棒。蓋此物古實以木製，後始以用者之嫌其輕脆，故易為鐵製耳。」狼牙鎚之形式，固與所謂狼牙棒者相似，而用之於暗器，則其法又脫胎於流星鎚矣。

明荊州有王鏞者，以善暗器名於時，凡鏢箭彈弓之類，無所不精，故人稱之為千手觀音，蓋言其件件皆精也。其人尤善狼牙鎚，唯不常用，故疑此物即王鏞所創也。王曾從戚繼光平倭，每戰輒先，專以各種暗器殺賊。倭寇之死其狼牙鎚下者，無慮數千。威名大震，賊見其影，即踉蹌遠遁。此可見其人之勇武矣。

清初之時，各種暗器雖極盛行，唯此狼牙鎚則用者極少。山東俠盜藍錫勇者，以武術著以綠林，橫行江湖，無人與敵。其人雖為盜，但不劫行旅，不劫商賈，所劫者非貪官污吏，即土豪劣紳。此輩遇之，非特洗其囊，即生命抑或不保。

藍所得除供揮霍外，悉以濟貧乏之家，不蓄以自私也。而其人猶有一特性，即見孝子節婦，敬禮備至，極意護持之，以是人皆以俠盜稱焉。某歲，有旗人某為東撫，因巨案迭出，不能破獲，索之急，捕以藍錫勇告，且言其技。撫即重金募勇士謀捕藍。有旗營護勇恩格巴者，本關外健兒，技亦絕精，應募而往，願為捕藍。撫賞賜有加。

藍聞其事，且知恩格巴技，實為勁敵，故嚴防之，每出必以狼牙鎚自隨，備不測也。一日行於野，忽聞有人呼己名，回首視之，則恩格巴也，知非善意，乃旋身以待之，及近，遽揚左手發一袖箭，而右手已握鎚而待。恩見箭至，急閃避，不虞有他，剛避過一箭，而第二第三箭又相繼而至，急左右避之。而藍右手一揚，狼牙鎚應手而出，其疾如電。恩甫見而鎚已及身，不及避免，竟洞胸而死。

後竟自首，且謂官曰：「欲得草民，一紙文書足矣，乃竟不出於此，招募勇士，如縛獅獵虎。而所謂勇士者，又不足以當一擊，信無謂可笑也。今某自至，生之殺之，唯官命之。」

時官府亦久聞其有義名，欲從寬處置之，而請命於撫。撫執不可，必死之，且親審。藍怒甚謂之曰：「爾以胡奴，而欲置我死乎？是不能也。予本擬自首就法，唯以汝故，心有不甘。今且去，後會當有日也。」言訖脫械飛身登屋，倏忽不見。

如藍者，亦盜中之奇人也，惜有此身手，而竟不為世用，反寄身長林豐草間，沒死無聞，否則馳騁疆場，立功異域，亦可千古也。

十四、鐵蟾蜍

鐵蟾蜍一物，為暗器中最可玩賞者，若常人以置之案頭，則人必視為鎮紙或水盂之類，而不疑其為暗也。其形狀完全與蛙無異，頭部削而後部豐，頭如三角形，嘴尖而利，前面兩足，環貼兩頷之旁；爪與頭平，爪端亦銳利；其尾部極闊後面之一足，則蜷貼股際；腹部平滑置之案上，宛如一伏地之蛙，亦有眼有口，背部略有凹凸，像其斑紋，自頭至尾，長約三寸，尾部闊一寸有奇，口部闊約四分，前兩爪相距處約二寸。每一枚重約六兩有奇。

此為平常通用者，更有毒藥蟾蜍，則腹部空其中，以貯毒藥粉開，近喉處則設一鐵片為門，門上則設一針，通於口外，約半寸長，但將針向內一抵，則鐵片上抬，喉啟而腹中之藥末，即從口中摻出。

此物擊人之部，本在口及前出之兩爪，故口著人，必觸其門上之針，使鐵片上抬，毒藥即於此傳至人身矣。唯此種毒藥，必須在皮肉裂開出血處摻入，始克奏效。若鐵蟾蜍著人，皮肉未破，即不能有效。蓋此種藥粉，必須血液渾和，始可傳其毒於人體之內也。

其藥大概為水銀、蛇銜草等各種毒烈之物所配合。其最毒者傳入人體，立刻封喉而死；其次亦足使人潰爛。唯以其太毒辣，有乖仁道，故江湖上皆相戒不用。然間亦有乖戾好殺之徒，竟恃此以傷人，但甚少耳。而此鐵蟾蜍之攜帶，亦以皮囊。每囊大約十二枚，至多十六枚。蟾蜍本善於跳躍之物，今肖其形而製為暗器，用以擊遠方之敵，甚為奇趣。想發明此物者，亦以其善於跳躍之故，始利用之耶。練習此物，似較別種暗器為樂也。

鐵蟾蜍之練法

練習鐵蟾蜍之法，略與脫手鏢同，唯握稍異耳。握法將鐵蟾蜍平置掌中，其頭部約居中指之第一節處。頭貼中指，兩腳則貼於食指、無名指之上，而以大拇指緊按其背。發出時則完全用摔勁，亦分陰手陽手，大約用陰手處較多於陽手。且亦有接蟾還蟾之法，與鏢法固極相似也。凡執蟾在手，手掌向上從下面泛起，向前衝出以取的者為陽手，此陽手所發出之暗器，可打正面中平之的，或正面較高之的。執蟾在手，手掌向上，從下面泛起向前衝出以取的者，為陽手。此陽手所發出之暗器，可打正面中平之的，或正面較高之的。執蟾在手，手掌下覆，從上下壓，向前摔出以取的為陰手。此陰手所發之暗器，可以打正面中平之的，或正面較低之的。凡衝擊、平擊等法，則皆屬於陽手。而側擊、翻擊等，皆屬於陰手。其靶子則亦以土垣為佳。

練法則與鏢無異，先練平擊衝擊，然後側擊翻擊，其距離亦由近而遠，自十步起以至百步為止。其靶子亦由大而小，自一尺對徑起，至二寸對徑為止。如此由漸而入，大約不消三年，即可成功。成功之後，用以襲人，便利無比，其功能則較脫手鏢為大。蓋鏢止一頭可以傷人，此鐵蟾蜍則除嘴部以外，猶有前出之二爪，亦同時可以傷人也。

鐵蟾蜍之源流

考鐵蟾蜍之發明，其間實有一段極有興趣之故事。事極偶然，固非有心發明之物。且發明此物之人，又非武士，而為一書生，更可異也。

昔有胡生仲仁者，入都應試，未得售，歸途又遙，資金亦竭，乃寓蕭寺攻苦，以待下科，然食用所需亦甚巨，則書聯求售，藉以自給。

寺有老僧，甚不俗，且與士紳相交，憐其窮，語生曰：「以相公刻苦自勵，青雲直上，會當有時。唯坐困蕭寺，鬻書自給，終難持久。俞紳鶴者，家有二孫，欲覓一良師，苦未得其人。相公如有意者，老納當為介於俞紳也。」胡際茲窮無所歸之時，聞語大喜過望，謝僧關切。翌日俞致聘甚豐，於是潦倒之胡生，竟為俞氏座上師矣。每日除授書二生外，則自研課藝，恒暮夜忘寢。

一夕方夜讀，漏將之下，忽庭樹溜溜作聲，俄一人閃身入，知為穿窬者流，心甚畏懼，自念無能抗，若呼僕從，又懾於其白刃。正遑急間，忽睹案上一鎮紙之古銅三足蟾，潛取袖之，待賊稍近，猛力擲蟾擊其首。賊以彼為一文弱書生，不虞有他，故未戒備，蟾竟中其左目破睛陷入，賊又疑生擅武技，不敢留，負創而去。生乃故作鎮靜，冷笑謂之曰：「若不足當一擊，亦思為盜耶？」賊恐其相逐，急遁數里外，始從眶中拔蟾蜍出，而裹其創，審視久之曰：「此物耶。」於暗器中從未一見，竟猛烈如此，信可異也。於是懷蟾而歸，乃以打鏢之法打之，練年餘，已百發百中，覓巧匠依其式而易為鋼製，且將其嘴部及前出之兩爪，使成鋒利之銳端，取其著人時易於深入也。從此江湖上有鐵蟾蜍一種暗器矣。在胡生僅於倉皇失措之中，始存僥倖退賊之心，乃一擊而中，賊竟疑其能武，而視此鎮紙三足蟾為暗器，從而練習之，而竟成為一種有用之暗器，實皆偶然之事也。

昔先大父教諭淮陰，予亦隨往，學中有門斗，名徐貴者，北鄙之黃營人，年約四十餘。其人好談江湖任俠之事，且亦知武事，蓋其鄉習俗，凡為男子，必習拳技用以自衛，而女子亦有習之者。徐有小竹箱一具，封鎖甚密，禁人啟視，不知其中所貯何物也。予乃以語歸叟甘壽，亦奇之，相約伺其出而潛發之，則箱中所貯盤龍短匕二，軟鞭一，又革囊一具。予時猶幼，見而樂之，傾其囊，則鐵蟾蜍十二枚也，潛取其一，以為玩具。歸叟仍封鎖其篋，且戒予勿聲。徐歸見予持其蟾蜍戲庭中，急問所自來。具以告，且詢所用。徐乃取置掌中，時適一鴿飛至，徐揚手發蟾，鴿應手而墜，乃知其用。歸叟亦能武，見之撟舌曰：「技至如此，非人所能及矣。」予於鐵蟾蜍，僅此一見耳。此猶廿五年前事也。

十五、金錢鏢

金錢鏢之構造

金錢鏢一物，為暗器中之最便利者。蓋即用大青錢飛擲傷人也，亦可分為兩種，一為有刃之金錢鏢，即將青錢之四圍，用銼銼薄，更在細石上磨之，使鋒利成刃。此物除用為暗器外，江湖剪綹者，亦恒用以為割劃衣袋之具，而稱之曰外口。

故攜帶此種有刃之金錢鏢，常易為公門中人所注意。且此物猶須仗邊緣之鋒而制人，其技固猶未臻精純。一種為無刃之金錢鏢，即用平常之青錢，信手劈出而制敵，固無借乎邊緣之鋒刃而傷人，完全用腕力而使錢如鏢，則非有過人之力，與夫相當之功夫，不克臻此境也。

即在今日，有孔之錢，已不多見，亦可以銅元代之，即用銀元或小銀元以代有孔之青錢，亦俱無不可，故極為便利。

蓋人之出也，絕無不帶銀元或銅元者，萬一有驚，即可隨手取出，用以擊敵，隨取隨發，絡續不絕。且帶銅元或銀幣，實為普通之事，人亦絕不以此等物而指為暗器，故練得此種功夫，非但便利，且使人防不勝防也。

金錢鏢之練法

金錢鏢一物，若以手法言，只有陽手一種；以發勁言，則劈摔兼用，純著力於腕，而錢之出時，完全平面飛去，如飛鐃之橫破。有時斜側飛去，則如飛鐃之斜破。唯直破一法，則非金錢鏢所能矣。其傷人之處，雖云腕力，然亦半在旋轉之功也。所有各法，大略與飛鐃相似，其不同之點，鐃大而錢小，鐃有把手而錢無。飛鐃持其一邊而摔擲之，發錢則以錢平貼掌之前部，約居各指節之中間，而按以拇指，掖腕蓄勢，撥開拇指而使錢從小指之側面橫劈而出，錢出必平直而旋轉不息，始能有效；否則不能旋轉，而純用直勁，雖能中的，其效亦至微也。

其實此金錢鏢較之飛鐃為尤難。蓋飛鐃所占之面積較大，而分量亦甚重，持而發之，猶可仗其鋒利之刃，與本身重兩以制人，雖腕略弱之人，亦得有所借勁。此金錢鏢即用銀元代之，其重猶不及一兩，若銅元青錢者，且不及一二錢，欲空手發此極輕飄之物，而之於遠處傷人，其難可知；且又無刃可以借勁，實非飛鐃所可同日而語也。故練習金錢鏢者，入手之先，必須專練腕力，待腕力充足後，更進而練習飛擲之法，則始可有成。練腕力之法，則可用沙包林，而以側掌斫削劈擊之（沙包功見《練軟硬功秘訣》，故從略），大約一年半即可應用。練金錢鏢之靶，亦宜用土垣，由近而遠，靶亦須逐漸收小。蓋金錢鏢之傷人，亦純靠頭面等處，若有較厚之遮蔽，則絕難透入，故所取之的較小，練時亦須注意於小靶，而不能如飛鐃之專練中靶也。腕力充足以後，練習打靶，即較容易，若亦加上一年半苦功，其技固極可觀矣。前後統計，亦僅三年。此種暗器，以其便利之故，江湖上練者極多，即至現在各種暗器衰敗之時，猶有人習其技。飛錢擊人之事，猶時有所聞也。

金錢鏢之源流

凡一物之發明，有意研求者固多，然間亦有於無意觸動靈機得之於偶然者，各種暗器中亦時有之，如前述之鐵蟾蜍等實其類也。而此金錢鏢一物，乃亦得之偶然者。山西有老武師景慶雲者，擅拳棒，精內外功，生平所授徒，不下千人。景於夏日，恒垂釣河濱以為樂，且藉以納涼。一日，方坐柳蔭下，適有群兒戲水濱，飛瓦削水，以遠近分勝負。其力弱而不善飛者，瓦片入水即沒，或僅能泛起躍一二尺。其善於此者，能泛起沒入至數十次，而遠於三四丈之外，且其在水面削過，察察有聲，水花由近而遠，由大漸小，竟如塔影橫臥水中，甚有奇趣。此事亦尋常小兒遊戲之法，本無人注意也，景無意中見之，忽觸動靈機，自思削水之瓦片，愈薄愈佳，稍厚即不能及遠，其間固有至理焉，乃循其理而求之，竟發明金錢鏢之法，試習之，果具奇效。

景固功力絕人者，稍事試演，即已大成，乃以法授諸徒，盛行一時。在乾嘉之世，有用金錢鏢者，其人可不問而知為景氏之徒也。景有戚王士成，聽鼓歷下者有年，某歲銓署嶧縣，聞其地為盜賊淵藪，頗不易治，計非有一武勇之士同往不可，乃寓書於景。景以年邁辭，命其徒沈繼祖往，偽為幕客。蓋沈貌固溫文爾雅，狀如書生，人或見之，亦不疑為武衛，而其技則在同儕中稱獨，絕不亞於其師景慶雲也。

既至，王優禮相待，置諸幕中，同事數人，唯病其不善治事，徒以為王之鄉人，亦相與交好，固不知沈之來，非為幕友而為衛士也。居久之，幸無意外，王心稍安。而沈倨居衙署，頗不自聊，暇恒一人遊郊野，見飛禽止鳥，輒投石擊之，貫以索，每歸累累盈串，命廚役煮以下酒。朋輩以是異之，而其形跡亦漸露於外。

一日值假辰，約同儕攜酒遊郊外，就林薄間踞石而飲。飲正酣，忽有四人至，皆短衣狹袖作武士裝，且攜刀械，一望而知非善類也。睨沈問曰：「眾位中誰為山西沈姓者？」沈知其意，蓋沈於二月前曾獲一積盜，以案積如山，乃棄市。四人者當係盜黨之謀復仇者。沈笑應曰：「予即沈某，汝曹素不相識，詢予何為？」一人對曰：「子即沈繼祖無誤乎，今日者予儕蓋欲與子一較生死耳。」言既拔刀猱進。

眾客大驚，不知所計。沈笑語從容，似無其事者，從袋中出一錢，遙擲之，中盜執刀之腕，深入寸許。盜受痛，不能固握，刀錚然墜。三盜繼至，沈連連發錢，盜急趨避，凡七發而不中者止三錢。三盜無倖免，且皆折腕，不能復鬥。

沈告之曰：「汝曹欲在予手中討生活，尚少練三年功夫也。實告汝曹，予乃山西名師景慶雲徒也，今小使受創，尚體仁慈之意，使汝曹知所改悔。若不悛改，以後復相遇者，無生望矣。」

盜聞言，皆投拜於前曰：「俗眼不測高深，景家金錢鏢信絕技，今而後知所改矣。」沈揮之去。眾客始驚定，爭道其能，至是沈亦不復隱諱，具以前事相告，眾乃知其為幕賓者，實偽飾以掩人耳目耳。後其地盜風稍戢，終王士成之任，而未有巨案發生也。

十六、鐵橄欖

鐵橄欖之構造

鐵橄欖一物，在江湖上又名為核子釘，間亦有稱為棗核箭者，皆以其形似也。蓋棗核與橄欖，其形狀固極相似，即北方人所稱之核子，大概亦指棗核而言也。

此種暗器，其形狀完全與一橄欖無異，唯兩尖端處，較橄欖為銳削。每枚長約七分，其中部最膨大之處，周圍亦約七八分，兩端尖利如鏢頭，蓋即用以制人者。每枚重約一兩至一兩二錢，完全用純鋼打就，間亦有用熟銅煉成者。心賊險狠之人，且有將此鐵橄欖入藥水中，煮熬若干日，更塗以毒烈之膏，於日中曬乾之。

此種毒物，一著人身，不見血固可無事，若一見血，則鐵橄欖上所塗之藥物，受熱血之溶解，頓時傳入身體之內，而毒性依血液而行，以散佈於全身，往往致死，與毒藥鏢無異。凡稍具仁心者，必不用此等毒物以速人之死，而自喪其德也。

鐵橄欖之帶法，亦用軟皮囊。囊約七八寸見方，上有帶以環套肩背間，兩旁亦各有一帶，束於腰際。至所帶鐵橄欖之數目，大約以十六枚至三十二枚。蓋暗器為偶爾一用之物，多帶亦無謂也。

鐵橄欖之練法

鐵橄欖一物，發射時有用手發與口發兩種。尋常夜行人，類皆用手發；至用口發者，非內功極深之人，不克勝任也。其用手發射鐵橄欖之法，可分為擲、捽、撇、沖四種。擲法如飛刺，以大中食三指拿住鐵橄欖居中之部分，高揚其手，略向後挫，然後向前面發出，以取正面之的。捽法則夾鐵橄欖於三指中間，而以拇指緊按之，向反對方向之側面捽出，以取旁面之的。撇法則握橄欖之手，與擲法相同，唯向內側挫勁，而向外側撇去，而取側面之的。沖法握橄欖之手如捽法，向後略挫，而向前沖出，以取正面之的。按，擲撇二法，如同流鎚；而捽沖二法，則與脫手鏢無異。三面參看，不難領悟。

其練法則先練擲，進而捽撇，終於沖法。由近而遠，百步為率。靶子則用土垣，亦須由大而小。大約有二年功夫，即可告成。至若用口發射之法，則完全係內功，非但費時較多，且成功亦至不易。蓋練內功，必從練氣入手。功夫之深者，能憑空作氣擊人；其次則必須借一物品，貫之以氣，用以擊。口發之鐵橄欖，即此類也。其發射也，但含此鐵橄欖於口中，鼓足其氣，向外噴之，使橄欖從兩唇間沖發而出，以擊敵人。至其發射之方向，皆由頭主之，欲前則正其首，欲左則左旋其首，欲右則右旋其首耳。練氣之法，另詳專書不贅。

鐵橄欖之源流

考鐵橄欖之創始，實為武當派。蓋武當武術，皆重內功，其所傳之太極拳劍等法，皆合於周天定理，而使其氣血依一定之軌道、一定之速率而運行，故不重撲擊。此猶初步，進步則為丹術，煉精氣神三者混而為一以成大丹。大丹成而可以行氣如虹。即劍客之技能，功淺者，不能將氣鑄劍，猶必須借外物以達其氣。鐵橄欖一物，即內功淺薄之武當弟子所傳下，後之人以此物便利，可當暗器，而改以手發之。其用口勁發射之鐵橄欖，予實無從得見，蓋此等奇人，世間固甚少也。至於用手發射者，則所見甚夥。武術界中人，練此者實大有其人。

以予所見諸人，其技之高，無逾於金剛寺僧圓海者。圓海本燕人，身極瘦小，貌亦不揚，年約五十餘，遙望之幾疑久病甫起者，然固無病也，兩臂之力，實足驚人。自言少曾為盜，後遇大俠，幾喪厥生，乃披剃為僧，投清涼寺為打雜僧。清涼固少林之分支，以武術著名於山陝。彼固已具有武術根底，請於主僧，得盡其技後隨閒遊四方，至金剛寺居焉，時已二十餘年矣。圓海有特性，不戒葷酒，興至則行沽於市，蒜韭牛羊之類，但得即食，無所顧忌，人咸稱之為酒肉和尚。

一日值冬令，天寒且雪，予適以事過寺門，圓海在焉，固素識，戲問之曰：「天寒如此，和尚有酒食客否？」圓海笑應曰：「有酒無肴且奈何。」時適群雀飛集竹林中，唧唧譟寒，予因思僧固擅技擊者，盍一試之，乃笑謂曰：「枝頭雀正集，盍彈而煮之，亦可佐酒也。」圓海曰：「諾。」從襟底出一布袋，取所貯鐵橄欖續續發之，雀即應手紛墜，片間得三十餘雀，而鐵橄欖已盡，一一從死雀體中拔出，復彈二十餘雀，始曰：「得如許足供哄飲矣。」徐收其橄欖納囊中，而倩予共與去毛之役，不禁大奇，蓋茲數十雀者，皆洞喉而死，其中橄欖處非但部位不差累黍，即創口之大小深淺，亦完全相同，於以知圓海之技固非常人所能及矣。圓海煮雀出酒飲予，相與談江湖上事。

據彼自云，膂力絕大，用此鐵橄欖，如以全力赴之，即至堅之壁亦可洞穿而過。其言似非虛語，惜當時未倩彼一試也。

十七、龍鬚鉤

龍鬚鉤之構造

龍鬚鉤為一種擒人之暗器，實為撓鉤虎頭鉤之變相。蓋撓鉤為硬柄，虎頭鉤為短柄，本身兩面有刃如劍；此種龍鬚鉤，則為軟索貫於鉤頭者，故歸入於暗器一門。其鉤身以鋼製，長約一尺，其後部成半圓形。半圓形之居中，則有一鐵環，軟索即穿結於此環中。半圓形之前端，則兩股並出，略帶彎曲，勢如矛頭，兩股中間相距約六寸，兩股之外俱有刺如鋸，齒向後。股端各向外彎轉成鉤，鉤式略與虎頭鉤相似。鉤頭長二寸許，其端銳利異常，且內外皆有若干鋸齒，通體皆扁平形。股之闊約六分，其彎轉處較闊，然亦不及一寸。鉤頭則愈後愈狹，及端則成尖銳之劍頭。鉤頭與股之距離，最闊處約二寸，最狹之處則不及一寸。以鉤頭由彎轉處逐漸揸開，故彎轉處相距較狹，而尖頭處距離較闊也。其半圓形處雖亦扁平，但無刃無刺，以備握手之用。

軟索長三丈，前端穿結環內，後端亦有千斤套腕。其質地則以熟絲頭髮夾雜者為合用，能劈鹿脊筋羼和之更佳。所以名為龍鬚鉤者，以其似也。其帶法與狼牙鎚相似，可以參看。

龍鬚鉤之練法

龍鬚鉤取人，其主力固在於兩面之鉤頭，而兩股外面之鋸齒，實為之輔。蓋鉤頭有時不能命中，若著鋸齒，雖不能必擒其敵，然經鋸齒之挫擦，亦足使人受傷。此物在擒人之暗器中，功效固不亞飛爪，唯以鋸齒倒生向後之故，發鉤接鉤時，須在在加以注意，稍有疏忽，即易自傷。龍鬚鉤之發勁，只有兩字秘訣，曰攔曰抽，捨此無他法也。

蓋柄為軟索，固不能以硬柄兵器之法使用之，鉤之形狀又如此，亦不能以鎚爪等法使用之，故唯有攔襲之一法耳。在既已中的之後，始用抽勁以擒其人。攔法略可分為三種：曰正攔、回攔、斜攔是也。所謂正攔者，即用右手握住其索之中部，翻舞一花，然後從右向左攔入也。所謂回攔者，即正攔一擊不中，而敵仍在前，將索拉回，使鉤從左向右攔出也。至於斜攔，則舞鉤力足之後，自右上或左上，斜向下攔，以取敵人之兩肩者也。抽法唯一，不中的則已，如一中的，急亟向後抽拽，使敵因受痛而不及損壞軟索；若一遲緩，索且為敵人斫斷，故務須迅速。練習龍鬚鉤之靶子，宜用木人（見飛爪條），先在一丈處練正攔，不虛發鉤後，加遠二三尺，至三丈為止。然後再如法練回攔；回攔練成，則練斜攔；既能應手而中，即可用矣。

唯在發鉤之時，有與飛爪異者，必起一花而後發，不能直勁發出也。在起花之時，手握離鉤頭二尺許處，及力足發出時，則用活馬放索使長，至略過目標處，即用死把緊握而抽回。且握持軟索，亦左右兩手兼顧，不似飛爪之只用一手也。此種暗器，練習時間大約二年至三年，練成之後，功效亦大。

唯以其鉤頭鋸齒皆倒向之故，攜帶稍感不便，發時務須加意提防。然在用之既熟者，此等細故，亦不發生若何問題，所謂熟能生巧，習慣成自然也，初練時留意可耳。

龍鬚鉤之源流

龍鬚鉤一物，發明於宋真宗時。遼人作亂，謀襲澶州。時有偏將陳某者，單騎闖賊營，力殺數百人。遼兵潰，主將落荒遁。陳緊追之，稍近出龍鬚鉤遙擲之，中其肩，拽之馬下，生擒而歸，此有龍鬚鉤之始也。後軍中多有練之者，蓋以其物實較撓鉤為便利，可以攻人之無備也。唯至近代，人漸疏之，而練者絕少南方之人，見其物且不能舉其名。唯山陝派武術界中，猶有人能之，此物不至完全失傳。

前讀某筆記所載（忘其書名），有盜某，身手矯捷過儕輩，自命為綠林之雄，橫行十餘年，未遇敵手，以是益誇張。某日過薊州，囊中資揮霍已盡，探得某莊有褚氏者，家甚富有，與江湖亦間有往來，欲往告貸，又以己名甚彰，不甘靦顏人前，謀暗劫之，一可以裕己之囊，一以使褚知有奇人也。及夜，循徑往，至則知褚氏家固有小園亭，躍上牆頭，以探入室之道路，忽聞有笑語聲，有類女子，疑之，以為夜深如許，安得有是，非奔女即狂童也。循聲視之，則有二女戲於庭，皆縞袂臨風，弱不勝衣者，年俱少，黑暗中雖不辨面目，隱約似甚美，乃伏而窺之，見二女旋就庭中，做擊撲之戲，飄忽備至，拳法亦俱優。

少傾而止，一女忽俯視地上，繼又昂首回顧，謂另一女曰：「今日有賊，姊宜戒備。」盜聞言，知見己影，欲逃出，繼念不能敵二少女者，猶能為丈夫耶？隨下與鬥。

二女頗不示怯，左右環攻之，技亦甚精。一炊許，盜竟不能敵，乘間欲遁，甫越至垣，忽後面有一物飛至，昏黑中不辨何物，未及趨避，竟為所中，曳之而下，縛送褚許。盜固哀得免，褚命釋去，且謂之曰：「褚家龍鬚鉤，滋味佳否？」盜慚怍謝罪而去，後營小經紀，不復為盜，亦絕口不言技。

有以武事詢者，則搖首對曰：「褚家龍鬚鉤，洵為絕技，至今思之，猶覺懍然。如予者，不足以言技擊也。」予謂此盜小受挫折，即能憬然自悟，而棄邪歸正，亦放下屠刀，立地成佛之流矣。

十八、雷公鑽

雷公鑽之構造

雷公鑽一物，實為笨重之暗器，共為鑽鎚兩物，與世傳雷公用以擊人之具，或稱雷針者相似，又類鍛工用為治石之具。鎚為花鼓形，而柄貫其中央。鎚身長約五寸，周圍亦四五寸。柄以木製，粗盈一握，長六寸有奇。此鎚之重，當在三四斤左右。鑽子為方錐形，前銳後豐，邊有四角，長約七八寸左右。其後端最豐處，每邊約一寸，愈前愈小。其極端則如鏢頭，銳利無比。每錐之重，最大者約一斤有半，最小者亦在一斤左右。其發射也，則以左手執鑽子，擬準所取之的，而以右手握鎚，自後猛擊其豐大之一端，左手一鬆，鑽子即被擊出矣。

用此物者，以鑽固有邊，頗難緊握，且在猛擊時，震撼特甚，不免有挫傷手掌等事，故用此雷公鑽者，其握鑽之手，必須帶一套子，以備不虞。套子以軟薄堅韌之皮製為佳，如鹿皮、虎皮等最好；若堅硬過厚者，即不合用。因軟薄則易固握，若過厚過硬，阻礙指節之屈伸，而無從用勁矣。其套之製法，為方袋形，長短大小，略較手掌為大，其後端收口處，中穿以帶，可以縛於手腕之上，使套不至脫落。至其帶法，則鎚上固繫以繩索，可以懸諸腰際。鑽子則用袋盛之，或用鞘插。每六鑽為一插，懸縛左腰脅間，鑽頭向下。總之此物之形狀大小，與鍛工治石之器完全相同，甚為笨重，即以一鎚六鑽言之，其重已在十斤已外，故不能多帶。而發射時又須兩手並行，又易為人所見，故不若鏢箭等之玲瓏便捷。唯以其笨重之故，發射之力極大，即堅壁亦可穿鑿而過，若著人身，必受重傷，其力量則又非別種暗器之所能及矣。

雷公鑽之練法

雷公鑽之形式，既如上述，可稱為一種奇形之暗器，因此之故，其發射之勁，亦與別種暗器大異。蓋其主要之用力處，全在乎握鎚之一手，其擊之輕重，即可斷鑽發之遠近，欲重擊而及遠，必有相當之實力而後可。而取準之道，則完全在於握鑽之手，因欲高欲低皆須先將鑽擬定之後，始可鎚擊而冀中的。且握鑽之手，亦不僅用以取準，雖發射之遠近，視擊之輕重而定，而握鑽之手，亦有三分關切也。蓋在鎚擊之際，先用全力握鑽極固，待既擊而釋之，則所發之鑽，遠射而有力。若在鎚擊之際，鬆手握之，即用力猛擊，亦難及遠。且緊握發鑽，取的較準，鬆握則殊不易命中。知乎此，始可與言練鑽。練鑽之靶子，亦用土垣，畫人形以為的，與飛鎚所用者無異。其手法分前後側三種。前面即正射，練者向靶而立，距離約一丈，舉鑽擬欲取之處，而以鎚擊發之。後射又分上下二種手法，上後射則人背靶而立，舉鑽扭身，向後擬定所欲取之處，以鎚擊發之；下後射亦背靶立，握鑽垂手，使鑽柄向前，鑽尖向後，不須扭身，僅旋首回顧，擬定所欲取之處而擊發之。側射之法，則僅能靠握鑽一手之方面射之。人側立，左肩向靶，握鑽舉肩前，鑽柄向右，鑽尖向左，擬定目標，以鎚擊發之。以上各法，按序漸進，皆由距靶一丈處為起點，以至能於五丈處發無不中，則其技可用矣。唯此項暗器，在實力充足之人練習，最為合宜；若實力微薄者，必須先練力，然後及此，則事倍功半矣。大約有二年以上功夫，即可成就也。

雷公鑽之源流

江湖上人，往往皆有諢名，究其取名之意，或以其人之狀貌，或取其人之性情，或取其人之技術，固極形容之能事。稱其人時，必冠諢號於姓名之上，如大刀王五之類，甚且有單稱其諢號而不綴其姓名者，此風由來亦已久矣。遜清康熙時，永州有毛雷公者，其人本姓毛，生而異形，尖嘴縮腮，身亦瘦削，頗似猿猴，而面生黃毛，叢叢然令人驚怖。人皆指為雷公形，好事者且指其人實孕於雷雨時，故其形如此，蓋俗固有此傳說也。毛稍長，即好武事，顧以身體疏小之故，習長拳頗不合手，乃從某武師學就地三十六滾與滾堂刀之法，頗精嫻。人皆戲謂之曰：「子貌似雷公，子所學之拳械，騰挪跳擲，又似雷公，獨惜手中無鍾鑽耳，非然者，則真成一雷公矣。」毛笑應之曰：「即此亦易為也。期以二年後，當以鍾鑽與諸君相見耳。」眾以其言為戲。而毛則竟至鐵工所，命製鍾鑽，歸而練之，晨夕不輟。如是者二年，技果大進，鑽無虛發，而所中處即堅壁亦洞穿。毛乃挾鍾鑽遊於市，訪向之戲己者而示之曰：「已忘前言否？」戲者知其技成，請試於眾，並願以牛酒為毛壽。毛乃指一大樹，命人用白粉畫小圈於樹身，上下共五，毛立相距四五丈處，發鑽射之，五發而五中，且自上而下，次序不亂，所中處鑽洞入者五寸。眾始咋舌曰：「今竟是雷公矣。」於是群呼之為毛雷公而不名。毛亦不以為忤，而自承此諢號焉。後毛竟以此錘鑽為暗器，著名於世。但此器在江湖上習者甚少。毛雷公與人戲言以練成此種功夫，固亦興會所至，出之偶然，而竟以成名，事甚趣也。

十九、如意珠

如意珠之構造

如意珠為暗器中最小之物，以指拈發，專以打人之脆弱各部，與紫金沙等物同其功效，雖名為珠，其實乃最小之鐵丸耳。其丸之大小，與尋常之珠相等，體亦渾圓如珠，每顆之重約三四分，蓋即鳥槍所用之鐵珠，此特其較大者耳。唯此物發射，則以二指扣其珠，用指甲向外剔出，使之遠射。以其體小而輕，二指之勁，亦至有限，故須擇人脆弱之處而攻。最好取兩眼，其次則耳根、太陽等穴。

蓋眼球最嬌嫩易破，而耳根、太陽等穴又為致命之處，如意珠之力，雖不能如別種暗器之強，中於此等地位，猶足使人受傷也。除此數部之外，至無遮蔽之頭面中之，亦覺疼痛。若著於身上有遮蔽處，則完全無用。其帶法則隨意在袋中帶若干枚可耳。

如意珠之練法

如意珠一物，練習極難。以大如黃豆之鐵丸，用一指之力彈剔之，欲其及遠，亦已難矣，而尤欲取最小之的，使之深陷，而使人受傷，是誠難而又難矣。然諺有「只要功夫深，鐵杵磨成針」之說，萬事但能勤習而持之以恆，則無有不可成者。是則如意珠之術雖難，勤練亦必有成也。練法第一步須練指彈之勁，即用中指頭掐住大指之中節，緊緊扣住，運足力量，向外剔去。先憑空為之，每日不限次數，有暇即行。如此半年之後，指勁必較增數倍，然後懸一沙囊於出入必經之要道，囊重約五斤。每日除晨夕，各以指彈囊三百次外，出入見囊則彈若干次。

初時一指之力，固不足以發囊使出，勤練半年，必能彈出。然後逐漸將囊沙加重，至能一指之力，可發三十斤之沙囊，則可以練如意珠取準之法矣。扣珠之法，以中指頭掐住大指中節，珠即嵌於中指甲之外、大指面之內，兩指夾住，然後覬準欲取之的，以中指之力而彈發之。如意珠之手法，左右前後，無不可行，而發彈之法，只此一種。

靶用土垣上畫人面，大小與真人頭相彷，五官各穴，俱各暗號。先自相距一丈處練之，以後逐漸加遠，至五丈為止。所用之靶子，亦宜逐漸收小。蓋此物專取小目標，故練時不可疏忽。須練至所取之的，與鐵珠大小相等，而百發百中，技方精純可用。此物練習雖較難，而成功之後，則異常便利。珠身既小而易帶，帶珠一把，可傷數十人。且發射僅一彈指，其珠又小，敵人每不易覺察，而加以預防。無聲無息，一瞬即至，若云躲避，恐有所不及，所取又屬要害，傷人亦最易也。

如意珠之源流

如意珠為明代劉綖所傳，云係得其法於一道士。劉綖固精技擊，尤善用袖箭，雖極小之蟲蟻，發無不中，時有神箭之名。從其學射者，不下數百人。一日挾袖箭遊於山野間，順便行獵，冀得野味以佐酒。忽有一道士尾之行。過林薄，山雀群噪，時值九月，新穀方登，山雀食豐正肥。劉思此物鮮肥，大可下酒，乃出箭射之，獲雀甚眾，取葛藤貫之。

道士顧而笑曰：「子非神箭劉綖耶，技止此乎？」綖怪其語，相與為禮，且告之曰：「某固劉綖也，以好射故，浪得浮名，過諛之稱，弗敢當焉。敢聞真人道號，且求導益。」道士笑曰：「果然矣。山野之人，久忘名號。射技如子，固亦難能，山人無武也。子雀如許，恐未足供飲啖，請為益之。」

乃摸索衣囊出小鐵丸十餘，扣指續續發之。雀應手紛墜，道士手中珠盡，而雀已得十餘。劉趨拾視，不覺大異。蓋雀皆未死，僅亡其二目。審視之，則鐵珠皆從左眼入而出自右眼，十餘雀皆如是也。始知道士為異人，跪拜求其技。道士亦不拒，告之曰：「此如意珠也，以子根基，二三年內，當可成功。」隨以訣傳之。劉拜謝間，忽清風起處，道士已失所在，疑為真仙。歸而習之，三年而成，唯秘不傳人。後以此授陳某。陳老無子，恐失真傳，遂授其徒眾，其法始傳於外也。今武術界中人，猶有能此者，唯以練習為難，學者較少，能持恒心而學成其技者，又十不得五，故今世雖有能者，亦不似擅鏢箭者之多也。

二十、吹 箭

吹箭之構造

吹箭者即用口就箭筒，鼓氣吹之，激發其箭者也。亦有單筒、梅花筒之分，與袖箭略相似。單筒之構造甚簡單，以一竹管為筒，長約六寸，對徑約三分，並無何種機關與彈簧等物，唯此竹筒，則前端較細，後端力粗耳。其箭則以竹為幹，前端加以鋼製之鏃，後端無羽，而用桑樹上所生之大皮蟲殼，在其最粗之處，剪去少許，使成尖底之圓形，即將箭由其尖底處穿出，而用絲線牢縛之，使皮蟲殼附於箭之末端以代羽。其剪開之處則向後，乃將此箭由竹筒之較粗處插入，箭長五寸，全體藏於筒中。用時以口就筒之後端，鼓氣吹之，氣鼓於皮蟲殼內，催之向前而箭即發出。其出口之處較小，故發射亦頗有力。唯所選取之皮蟲殼，須與箭筒相稱，必緊湊套入始合。若過大則格不能入，阻箭不得發；過小則擴乎有容，絲無阻力，而箭發無勁。此選材最需注意者。

至於梅花吹箭，亦與袖箭相同，共有六枝，每枝為一筒，合六筒成梅花瓣形，合置於一大筒之內。小筒末端，露於大筒外者約半寸。用時即將牙咬住一小筒，拔出少許，以口吹之。若欲發第二箭時，則將此空筒壓入大筒之中，而另咬一筒，拔出少許而吹之。六枝發完之後，更換箭筒。此吹箭用單筒者甚少，梅花筒實較便利也。箭可預先裝就，帶時不限一筒，即三四筒亦可。蓋此物短小易藏，多帶亦不覺累贅。唯此物不能過遠，大約在三十步之內，尚可取準；若欲於百步內取準傷人者，非有極深之氣功不可也。

吹箭之練法

吹箭之發射，其主力完全在口中之一股氣，並不借手法也。故練習此物之先，最好先練氣。練氣之法甚多，其最深者為丹訣。但此吹箭只須氣充力足，能隨意運行，而使之剛大，亦已足矣，固不必於高深之丹訣求之。如能依十二段錦及房中八段功之法，勤習無間，一二年間，必有奇效（**上二書皆本局出版**），然後更進而練習吹箭，則事半功倍，收效較速也。吹箭雖以口中一股氣為主體，而亦不能完全脫離兩手。蓋發勁固在於口，而取準之法，猶須借重於手也。以手握箭筒而含之於口，手即司左右前後之事，覬準目標之後，手持筒擬準，始可發箭，冀其命中。否則必難稱意也。練習吹箭之靶子，乃於木板上畫一人面，然後立一丈外擬的吹之。以後逐漸移遠，靶子亦逐漸收小。因吹箭一物，與如意珠相似，雖有鋒利之鏃，亦僅能擇人身無遮蔽處而傷之；若有遮蔽之處，雖間能透入，所傷亦微，故亦側重於頭面各部，而須練至能射中最小之的為止。大約自始至終，最少三年，最多五年，必能有成。以此物取準等事，極為容易，其難者則在能鼓氣及遠耳。

吹箭之源流

吹箭始於元時，實為西域武技之一。蓋西域土人，與禽獸雜居山野，非習武技不足以防毒蛇猛獸之侵凌。故無論男女，自幼即練武事，其中尤以武吃氏一族為最。其族之人，如生而孱弱，或練武不精者，則逐之，父不以為子，兄不以為弟，甚且置之死地，故其族勇武彪悍為西方冠，凡舞槍弄刀，飛桿擲彈之技，無不精純。吹箭一物，亦創於武吃氏，蓋用為獵取禽蟲之具。

元時有僧壽增者，本西陲人，少在少林寺披剃，參禪禮佛外，兼及武事，造詣極深，後發宏願，求佛西土，赤足走印度，誤入苗山，為土番所困，僧倉皇間出其絕技，倚壁而立，運肘蹠之力，扶搖直上，此即俗所謂壁虎遊牆之法也。土番驚其技，疑為神，群爭羅拜，各出所貯以奉僧，並招男婦百輩，婆娑作天魔舞。僧見無相害意，居山中者累月，得其飛桿吹箭之術，乃命番人導出山谷，徑往印度。禮佛歸來，仍居少林寺，以誤入苗山事語於眾，且將飛桿、吹箭等法傳出。習者甚眾，漸傳於外。而人但知此法為少林派暗器之一，而不知乃西域傳入者。人以其法甚玲瓏巧妙，故練習者頗不乏人，至今江湖上武術高深之人能吹箭者，尚不在少數。予昔居淮陰時，歸叟、徐貴二人，固皆精於武事，亦嘗從之學拳法。徐貴之鐵蟾蜍，前已記之矣。而其友人周祥生者，亦有名武師，與徐極友善，時相過從。予時猶幼，好泥人言故事與演技擊。周為人頗詼諧，常造作大人國、小人國等等異事，以逗予笑樂。

一日出一物示予，曰：「此吹箭也，能射蟲蟻，發無不中。」予請試之，時適芭蕉上有一螳螂，周即指之曰：「第一箭射去其二斧，第二箭則剖其腹。」乃舉筒就口吹之，連發二箭，則螳螂果墜地，斷斧烈腹死矣。予欲索其箭筒，周不肯，謂予年幼氣弱，不能習此。掰之再，始為予另置一枚，筒長約三寸，且極細，箭幹則為堅硬蔑絲，頭上夾縛一針，後端則用最小皮蟲殼之半，穿箭桿上，入筒吹之，亦能射遠。時適見一巨蟻行牆上，徐笑謂周曰：「此小人國之駿馬也，子盍射之。」周吹箭射之，箭中蟻首，釘牆上，猶蠕動也。予得此甚樂，常以射蟲蟻，間亦能中，唯不能及遠。一日畫圈於牆而射之，箭甫發，適小僮過其旁，為所中，傷耳流血。事聞於祖父，遂以箭筒投諸火，並戒周、徐等以後不得以此等危險之物相貽。予亦遂不復習此矣。此事距今垂三十年，今編暗器秘訣，偶然憶及，故附記之。

二十一、鵝卵石

鵝卵石之構造

鵝卵石與飛蝗石相似，唯形式及著力之點，各有不同。飛蝗石前銳後豐，形如蝗蟲，其著力處則在前面之銳端，借其銳利而傷人。鵝卵石則完全為一種光滑之石卵，大與鵝卵相等，故有此名。

此種石卵山澗之旁，皆可尋得，唯產於金陵雨花臺旁者為最佳，色澤明潤，質地堅實，人且以之為文房供玩之品。其大小不一，最小者才如蠶豆，最大者則如卵如球。其形式以卵形者為多，選取其大如鵝卵者，可作暗器之用。鵝卵既光滑無銳端，故用以擊人，完全靠石之重量，與發石之實力，不能如飛蝗石之以銳端傷人也。每石之重當在十二兩左右。選取此石，宜擇質地堅實者用之。

帶石之法，亦以囊，每囊六枚。或帶一囊，則懸於左腰際；或帶二囊，則左右各懸一囊。以此物質量太重，懸於一面，殊感累贅，故須分懸左右，使重量平均也。此石專用為擊人之暗器，不能如飛蝗石兼可作探路之用。蓋此石分量甚重，從空擲下，發聲必宏，易使人驚覺也。

鵝卵石之練法

鵝卵石之形式與著力之點，既與飛蝗石完全不同，故其發石之手法，亦因之而異。飛蝗石發射，與脫手鏢相同。鵝卵石則不僅限於此一種，凡鏢鎚刺等，各種手法皆可參合應用，且陰手陽手，皆無不可，前後左右，隨意發擊。大概可分為捽、撇、摜三類。捽之一法，又可分為沖、蓋、襲三式，沖即陽手，蓋為陰手，襲為回手。其法完全與鏢法相同，可參證前說而體會之。撇則有直撇、斜撇之分，完全用半陰手，蓋皆從掌側發出者也。直撇一把握石，屈肘內彎，虎口貼相對之肩，運足全力，向外撇去，以擊正面之敵。

此法為流星鎚所不用。斜撇則亦屈肘內彎如前式，運足臂力，向握石一手之肩外撇去，以擊側面之敵，此則與流星鎚之撇法完全相同。

至於摜法，亦分前摜、側摜，前摜則略如飛刃、飛刺之正射，握石在手，高舉頂門，運足臂力，將石向前擲出。唯叉刺則從掌發出，故虎口向後，此則撒掌發石，故掌發向前。側摜握石上舉如前狀，而轉手向反對方面（即右手握石則掌向左），然後將石從側面發出，與流星鎚之撒法相似。練習鵝卵石之靶，亦用土垣，由相距一丈處起練，至五丈以外為止。先練捽手三法，次練撇手二法，末練摜手二法。七法學全，而能應手而中，則可用以臨敵。

唯其靶由對徑八寸起逐漸縮小，至與鵝卵一樣大小為度，可不必更加縮小矣。因的能與所用暗器同其大小，即足以制人。練習鵝卵石，二年可成，唯傷人重輕，則須視用者膂力之大小而定矣。

鵝卵石之源流

鵝卵之為暗器，亦甚偶然。相傳甘鳳池居金陵，偶以此擊一僧，好事者隨以為此乃甘氏之特種暗器，而爭相學習，久而流傳漸廣，竟成為江湖通行之暗器矣。此亦良由當時學武者推崇甘之技術，凡其一舉手一投足，皆視為可以取法也。

先是甘居金陵，威名遠震，上而綠林豪客，下而流丐鼠竊，皆不敢犯其境，即偶過其地，亦不敢久駐，懾於其技也。

忽有一僧至，襤褸不堪，行乞於市。其行乞也，挾廟中一鼎俱，見稍大之店，即置其鼎於當門，阻人出入，苛索備至，不滿所欲，不去。且語人曰：「欲予去唯二法：一則予錢如所索；一則如能擲鼎於戶外，衲子亦當自去。」其鼎約計三百斤，固無人能提而擲之也。僧得錢則投於鼎，就市肆沽飲，時與人爭鬥。市人患之。有好事者語僧曰：「大師父不聞金陵有甘鳳池其人乎？奈何橫暴於此。」僧則大聲叱曰：「甘鳳池自甘鳳池，衲子自衲子。甘鳳池自居此，衲子自行乞，汝曹謂衲子行乞，有干於彼，抑彼能禁予行乞耶？」言時聲色俱厲，凜然若不可犯者。眾知不可以理喻。聞其事於甘，冀甘出與角，而有以折服之，為市人除一患也。

詎甘但笑謝曰：「茲事不易也，僧之來也，未嘗不知有予，知而竟來，且挾鼎遊行，以示勇力，是故欲使予出耳。子等謂技術不精之人，敢如是乎？故予謂僧之如此行藏，實有意尋予，或與有夙嫌，未可知也。予今方負傷，不能與鬥，容徐圖之。寄語市人，宜避其鋒，忍耐幾時，彼或自去。且不可以予行止相告，免多事也。」眾以甘為一世之雄，尚不敢與角，僧技必高；或有譏甘為懦怯者。而市人見僧，輒相引避。僧有所索，店中亦予之不稍靳，蓋從甘意也。而僧曾不自足，橫暴有加，苛索益甚，且發狂語曰：「金陵人皆敷粉婦女，衲子未見一鬚眉，否則何竟無人與衲子一撲為戲也。甘鳳池其已死乎？非然者，必畏衲子而深匿不出，冀以藏拙，是其得名，皆偶然耳。」市人聞語，怒莫能平，群謀折之，終以技無過於甘鳳池而止。

以僧語告之，則笑曰：「予固知其有意來訪，故如此撩撥人也，卒不願出。」一日，甘亦以其事縈心，獨遊雨花臺，思有以折僧之道。正躊躇間，而僧竟挾鼎施施然迎面而至，睨甘微笑曰：「子非甘鳳池耶？欲得一晤者久矣。唯子深匿，致不果。今幸相見，請即以此鼎為壽。」言既，舉鼎投之，而鼎中所貯錢亦紛射如蝗。甘聞語，知僧至，舉首窺之，則錢鼎俱至，拂以袖，錢紛紛旁落，鼎亦擲數丈外。唯赤手空拳，無以制敵。時適雨過，石卵露沙外，乃拾一石投之，不中。乃又拾一石，顧謂僧曰：「擊汝首不中，謂予不能擊汝脛耶。」僧信為真，竟顧其下。而甘急發石擬其頂，中焉。石陷腦殼間似甚深，僧引首蹙額視甘曰：「畢竟不凡，衲子受惠矣。顧此一石，本當奉還璧，唯別有故，常暫置顱門，挾以俱去，以為朝元贄見禮也。」

甘聞言大駭，即伏地謝罪。僧竟不顧而去。蓋甘發此石，盡其生平功力而臨之，當者必死無疑。而僧竟如不覺。其技已高於甘者倍蓰矣，又言朝元名，則其行輩，亦在甘之上。蓋朝元和尚本少林主僧，為明之宗室，避難披剃者，實甘鳳池之師也。僧言如此，當亦與有瓜葛。甘自悔有失，又末如之何，任其自去，後亦無他異。而鵝卵石一物，竟以此流傳為江湖暗器，亦可為甘留紀念於千古也。

二十二、彈　弓

彈弓之構造

彈弓與尋常發矢之硬弓，完全相同。弓胎皆竹製，以南竹胎為佳，外為牛筋，內襯牛角，首尾長十八拳。此所謂十八拳者，即自其一端起，用手握之，以至彼端，恰為十八拳也。質言之，即掌面開闊之十八倍，如掌闊二寸，弓長三尺六寸是也。此為普通之弓。其功深而力大者，則胎雖亦為竹製，其外之牛筋，內之牛角，皆易為鋼片，兩端耳索，以頭髮、銅絲、麻等合製之。此弓之力較強，發射亦遠。弓上激矢之弦，皆以絲製，間有劈鹿脊筋成絲和頭髮雜絲製之，較為牢固。弓之全體可分數部，其把手上處曰弣，其梢曰弰，兩端架弦之處曰峻弣，兩旁曲處曰弓淵。

至於彈丸，平常皆以富有黏性之土和膠搗勻，搓之成丸，曬至極乾，即堅硬可用。然亦有以銅鐵鑄成彈丸者，平常之人，能以二力半之弓發彈，亦可傷人；若在四力以上，則力猛丸速著人必死矣。

每力為九斤十二兩。此分量乃在弓製成後，縛弓於秤鉤之上，一人在其下鉤住弓弦，拉足至滿月狀，秤幹上所得之斤兩，即為弓之力數。

凡在平時，弦宜卸下，用時加上。否則弦不卸，弓易受傷。其卸弦、上弦之法，則拄弓於地，而以左腳找住下面弓淵之內側，左手折弓使前屈，右手則司上卸其弦之責。弓不用時，宜加弓韃而懸之，切不可令感潮濕燥烈之氣，否則佳弓必損。如臨事時，則負韃自隨，加弦於弓，抽之即出，扣弦即發，亦甚便利。韃以革製，形略如弓，長沒其三之二，而三之一則露於外。丸盛於囊，囊亦革製，早盛鐵蟾蜍者式樣相同。每囊盛彈丸約數十枚至百餘枚。如能發連珠彈，則大敵圍攻，亦所無慮。

彈弓之練法

彈弓之練法，第一步即是開弓。弓之力數，固須視練者之實力而定，然實力不及二力半者，猶須先練足膂力，然後可練開弓打靶等法也。因實力過小，如在二力以下，非但所發之彈不能及遠，且彈力不足，即中人亦不能傷，與不中同一不能發生效力。故練此彈弓者，必先有二力半以上之實力始可。

開弓之法：左手執弣，一把統握，虎口向上，掌心向右，臂平直舉於前，以虎口及掌內側之處托弣之內，右手則以大中食三指扣住弓弦之中部，向後拉引，屈肘向內，肘平於肩，至弦引過眼後耳前為度。此所謂左手如托泰山，右手如抱嬰孩者是也。開弓時身略偏左，上部略向前俯。至於腳步，則無論何種皆可，唯必須立定腳跟。拉弓之時，有數忌：一眼不顧手；二手擎弓動；三腳步不固；四身體拙強。所謂眼不顧手者，即自己之兩眼不能顧到兩手，或顧此失彼，手眼相離，必難取準。手擎弓動者，其弊在力不足，勉強拉引，以至擎抖；拉弦之手一抖，則弓隨之而動，欲取準不能也。腳步不固，似無關於上部，然在發彈之際，下盤一虛，必生坐勁，彈亦不能中的。身體拙強，即生硬不調，亦足使手眼牽制，發彈不能遂意。

以上四弊，必須注意，如犯其一，所學必無成功之望。拉弓之後，練習發彈。彈丸以三指扣之，安於弦上，引丸向後，弦亦遂開，至弓如滿月時，即釋三指，弦震彈發；同時，則將左腕一坐，以足其力。發彈之手法，不過如是，並無他術。打時不可狂呼浪吸，使力散亂。凝神靜氣，發彈斯準。其練法，日間打靶，目標初如盤大，然後依次縮小，漸至與彈丸大小相等，則可於夜間打香頭矣，即炷線香於地，用彈打之也。至彈弓之取準，則完全在左手。一坐發彈，雖云足力，實亦司取準之道也，三年功夫，即可成就。

彈弓之源流

彈弓一物，由來甚久。劉向說苑云：彈狀如弓，以竹為弦，向為漢人，已記此物。則此彈弓之創始，必在劉以前無疑。唯僅云彈狀如弓，而不竟稱彈弓，是古但稱彈，以別於弓也。至以竹為弦，古製想當如此，後或有所變易耳，今則統稱為彈弓矣。《考工記》黃帝之臣揮作工，荀子則為倕作弓，而《山海經》云：少皞生般，是始作弓。《考工記》荀子所載，皆言弓實創自黃帝時，而《山海經》則謂始於少皞之世。其說雖略異，然相去亦無幾年也。

彈弓一物，實脫胎於弓，但易矢為彈耳，雖何人所製，一時不得其考，其時間則當在少皞以後，劉向以前，是可斷言者也。彈實較弓為便。蓋彈丸便於攜帶，僅挾一弓，可免負長矢而馳驅，故後之人練者較多。唐雀融亦曾曰：擲箭彈丸之技，市井兒無不能之，安足當俠士一七哉？是其技唐代極盛也。近代江湖上以彈弓著名者，亦頗不乏人。

昔有一少年鏢師，名孫緩兒者，拳技之外，兼擅彈弓，自負勇武，目空一切，常謂孫家神彈，固無人抗衡也。數保鏢走燕趙間，僥倖無所遇，以為綠林中人，畏其彈不敢與抗也，愈益自大，驕焰淩霄，不可一世。後又有巨賈命保萬金入都，至某銀號交割，投保者不與偕行。孫捎金於馬，囊彈負弓，單身就道，意氣甚豪，以為挾此絕技而行，不虞有疏失也。一日至德州，投宿逆旅。有一老人先在，倚門遠眺，見孫至，睨而笑。孫如無所見，徑入，解鞍放馬。傭保道入一室稍憩，即呼酒。時老人亦入，又相值於院中。

老人笑曰：「孤客囊金盈萬，不知江湖步步有荊棘耶。」孫以其老邁，不為意，慢應曰：「彈弓俱在，鼠子不足殲也。」老人一笑而逝。次日各就道，停午入亂山中行，忽有一騎迎面至，頻頻視孫。孫怒叱曰：「注視乃公，欲何為者，不速去，彈且洞汝眸子矣。」其人微笑曰：「信乎?子不視予，又安知予之視子，遽欲抉人眸子，天下有是理耶。」孫語塞，怒益甚，竟出弓安彈擬其人，弦鳴彈發。其人略不措意，彈至以二指接之，凡五發皆如此。孫技窮欲遁。

其人笑曰：「來而不往非禮也。」於是亦解其弓，即以孫之彈彈之，弦鳴不絕，彈亦續續至，累如貫珠。孫大窘，左右趨避，左腿卒中一彈，因而落馬。其人一躍而過，跨孫馬，語之曰：「如斯劣技不足保一金，萬金非汝分所當保也。」言既，疾馳而去，瞬息不見。孫羞憤無地，又失巨金，計無所出，就林中縊焉。忽覺有人斷其帶，視之，則逆旅中所遇老人也，詢其故，具以告，則曰：「予固知子技未精，過此必為兒曹所窘，今果然矣。幸老夫適至，若稍遲者，子無命矣。且隨老夫去，當命兒曹見還。」

孫不得已從之行。至一村舍，老人入呼其子至，則頃之劫金者也。翁語曰：「汝以客自負而戲之，幾累客自縊。盍以原物還之。」其人指庭中曰：「原物俱在，將去可也。以後行走江湖，當力戒驕矜。非然者，雙眸必不保也。」孫諾諾拜謝，跨而去。抵京交割後，歸隱家鄉，以小經紀自活，不復為人護鏢，亦絕口不談技擊。有知老人之行徑者，云為德州之武師朱守徑。父子在以神彈子稱於世。初非綠林中，以見孫驕傲，恐以是取死，乃命其子要襲之，以折其氣焰，亦點悟孫，使知江湖多奇人之意也。是則朱翁之為此，正見其熱心也。

二十三、噴筒

噴筒之構造

噴筒一物，厲害無比，有毒焰、毒液二種。將毒焰、毒液置之筒中，緊扣其蓋，用時將蓋開啟，借機關之力，將筒中毒物，壓迫噴射而出。如為毒焰，敵人聞之，立刻暈倒；如為毒液，一著人身，頃刻潰爛，至毒氣攻心而死，無藥可救。故用者極少，蓋傷德事也。筒之形式，略與滅火用之水槍相仿，長一尺二寸，對徑約一寸半，以銅鐵鑄成，外廓為一管，唯頂端露八九小孔，四圍螺旋。另一蓋與之吻合，旋緊之後，庶藥水等不至流出。另有一銅幹，幹端安一軸頭，長一寸許，較外廓略小，軸頭之上，則以橡皮緊裹之，務使軸恰能塞入外廓而無絲毫空隙。幹長與筒相等，後端亦有螺旋之蓋，緊旋於筒之後部，套於幹上。幹之末端，則為握手之柄，按柄前挺，則筒中之藥物，自能從前端之小孔射出矣。唯用毒焰者，筒中更須豎置一推輪，小安瑪瑙石，藥粉中固有硫磺等易燃之物，一經軸頭之抵觸，推輪轉動，擦石發火，藥粉即化為毒粉由小孔中噴出矣。此物本為守城之具，以沸滾之金汁，抽入筒中而噴射敵人，亦軍旅中必備之物。後始見於江湖，而以毒焰毒液代金汁，其狠毒尤較毒鏢箭及雞鳴五鼓返魂香為甚也。

至其所用藥物，類皆白信、水銀以及其他毒烈無比之物合成。恕不詳述，蓋有數種藥物，非市上所易購到，詳述亦屬多事，即或得之，此有關德行之事，亦非兒戲，萬一無知之流，竟藉以為惡，則罪莫大焉，故不備方，但以此亦暗器之一種，志之聊備一格耳。

噴筒之練法

噴筒全仗機關之力，而發射其筒中之毒物，其取準等事，簡而易為，與袖箭完全相同。我欲取何處，即將噴筒擬準何處，然後執其柄而推之，必能中的無疑。且筒之前端，小孔約在十個左右，推時各孔俱有毒液射出，其所占之地位，亦不甚小，故尤易中的。至於用毒焰之筒，則更為容易。因但須筒內之藥粉，燃燒成焰，從小孔射出，人聞其氣即暈，固不必中的。若占上風時，焰出隨風而去，人更易聞其氣。故噴筒一物，初不必如別種暗器，必須經過相當之功程，始能應手而出，用以制人，但得此物，即向來不諳武事者，亦可制人之死命也。

唯有二事必須注意，蓋用毒焰噴筒，必須多備塞鼻之布捲，用時自己之兩鼻，固須塞緊，如有同行者，亦宜各予二枚塞之，庶免自傷。噴時自己宜占住上風。若在下風，逆風噴去，其效必減。若用毒液噴筒，必須戴上手套，套以軟皮為佳。蓋筒中之機關，縱極固密，究竟液汁係流質，難免其不在幹與後蓋之縫中漏出，若無手套，必且自傷。噴筒使用之法，盡在於此。若云練習，予則以為大可不必也。

噴筒之源流

噴筒本為古代軍中守城之具，與灰瓶石炮等同其功用.直至清康熙間，河北有宋源發者，亦綠林怪傑，幼從異人習業，得配置毒藥之術，凡薰香、迷魂帕之類，皆能自製，且以毒藥天王自名。江湖上人，則稱之為九尾蠍，蓋言其毒而無比也。

相傳蠍子一物，其尾有鉤，毒甚。如剪去其鉤，即歧生為二，更剪之，則多生一鉤。如尾生九鉤之蠍，以鉤刺人，呼吸間即斃，無藥可救。唯此物實不經見，以此喻宋，可見其流毒之甚也。

顧宋得此名，非但不以為忤，且沾沾自喜，益致力於毒藥暗器，凡彼所用之箭鏢等物，無一非毒藥製煉而成者。又竭其心力，製就噴筒數百具，以為防守山寨之用。後綠林中有與九尾蠍知好者，乞得一具備用，且驕其儕輩。宋源發仗毒器橫行江湖，殺人如麻，官中雖索之日急，顧無有敢攖其鋒者。曾有江南大俠丁謍者，過其地，聞而怒曰：「河北竟無人乎，而容鼠子橫行如此，若不除之，良懦無安枕日矣。」乃夜探其寨，知他出。憩逆旅待之。

一日行郊野，一女子與一孩嬉，忽一騎遙至，時小孩正當道立，女子急拽之，微語曰：「九尾蠍至，汝擋其馬，無命矣。」丁謦聞語，知馬上人即宋源發。視之，則長身胖體，目露凶光，望而知為非善類。乃故擋其馬。宋大聲呼叱，丁如不聞，大怒曰：「不讓道者，血我刃矣。」丁笑迎之曰：「白晝殺人而不論抵者，此地竟為化外耶。」宋挺刀與鬥，未及數合，宋即出其見血封喉之毒鏢，以射丁，竟應手而倒，轉側間即斃。宋前往視之，忽金光一閃，鏢已洞喉。而丁謦亦一躍而起，拈鬚微笑曰：「今為地方除一害矣。」

蓋丁謦實偽作中鏢倒地，暗接其鏢以誘殺之。此鏢即宋所手發者也。發毒藥暗器殺人，終以此自殺，天道循環，固不爽也。丁既殺九尾蠍，乃以己名告彼女子，且命轉言於官。河北之人，聞其事，皆大快，感丁不置，而丁竟不居功，飄然回江南。

二十四、錦套索

錦套索之構造

錦套索一物，實為棉繩套索之變相，與雞爪索、龍鬚鉤二種暗器，功用相同，而形式相似，唯前端無雞爪與龍鬚耳。索長一丈二尺。平常者用棉紗製成，嫌其不甚堅固，最好將鹿脊筋或牛脊筋劈成細絲，與頭髮純絲三物，羼合一處而辮之，則堅韌異常，即用刀割，亦不易斷，較棉繩所製者功用不同。錦套之一端，則有一鉤，鉤頭左右歧出，形如船上所用之錨，銳端向後。近鉤二尺處，亦製有短小鋒利之芒刺，蓋防敵人之接握。否則鉤頭縱然著人，而敵人猶可用手接住其索，作死命之爭持，或竟用刀割斷其索，完全失其功效。今有此短小鋒利之芒刺，則敵人不復能用手接握矣。

錦套索之後端，亦有千斤套腕。帶時宜以皮囊，將索四折，其鉤頭處二尺除外，束諸腰際，如帶繩鏢，而將鉤頭及置有芒刺處之二尺索頭，放入革囊之中，以免自己不慎而受傷。囊懸右腰間，其套腕亦居於右。用時先將手穿入套腕之中，然後抽去活扣，而將鉤頭從革囊中抽出。發索之時，必須先將鉤頭猛抖幾下，以防索端之芒刺，互相糾結，抖之則開。因一有糾結，發出時勢必震動伸縮，對於取準之法，頗多窒礙，故須注意也。

錦套索之練法

錦套索與龍鬚鉤絕相似，唯鉤頭之形式，稍有不同，龍鬚鉤之頭較為長大，此錦套索之鉤頭，則較為短小。其長約三寸，闊約四寸（即兩鉤頭相距處以最闊之部分為率），鉤尖彎轉者約一寸，而近鉤處有芒刺。此則為龍鬚鉤所無。至其練法，則無甚大區別，亦只有攔截為唯一之手法，其他沖、壓、擲、刺等法，皆不合用。

攔截可分為三法，即漁翁撒網、倒拽游龍、白虹倒掛是也。此三種名稱，皆係古代相沿，故仍其舊。其實漁翁撒網即為正攔，如右手發鉤，從右向左攔入也。倒拽游龍即為回攔，如右手發鉤，從左拉掖，向右攔出也。白虹倒掛即為斜攔，如右手發鉤，或從右上向左下斜攔，或從左上向右下斜攔也；如係左手發鉤者，則反其道而行之。其攔法完全與龍鬚鉤相同。靶子亦用木人。練習之法，可參看龍鬚鉤一節，不必多贅。唯此索鉤頭過小，分量極輕，故發力亦頗不易，可先在距靶五尺處練習，如能得心應手，然後加遠一尺，以至盡索為止，用以臨敵，定可出奇制勝矣。此索長僅一丈二尺者，亦以發力不易故也。

錦套索之源流

錦套索一物，實為山陝派暗器之最著者，始自明代。嘉靖間邊廷多事，官司招募勇敢，適山西李通，行教京師，應募為第一人，其武藝十八事，件件皆能。此事見《堅瓠集》所載，詎知李通其人者，於十八般武藝之外，尤精錦套索與鵝卵石耶。李通者本山西人，以武世其家，乃祖乃父，皆著名之武師。其父嘗挾技遊海內，會天下英雄，未遇敵也，與江南葛飛，河北卞英最交好。通之技半由父授，半亦得力於葛卞二人也。卞英本善用綿繩套索者，通盡其技，而即於索端加鉤刺，而當暗器之用，發無不中，曾以此建奇功。故當時學者甚眾，流傳至今，江湖上猶視為利器也。昔某公從政西陲，曾招一力士以自衛。力士姓黃名淵，固嫻技擊，其力尤巨，可舉三百斤石擔作旋風舞。護公抵任，偽作親隨，侍奉左右，晨夕不離。外人亦不知其護衛也。抵任年餘，並無意外事出，某公固欣然自慰，黃淵額手相慶也。後公以故忤同僚。其人固武職，深銜之，欲得而甘心焉，乃與其妻舅趙如海者謀。趙本江湖技士，慨然以刺客自任，謀深夜入署殺某公以雪忿。武職嘉其勇，且許以厚報。趙如海略加拾掇，乘夜入某公署中。時公猶未寢，就燈下觀書，黃淵則侍於旁。趙至屋上時，足下一不慎，碎瓦作聲。黃淵知有異，佯為不知者然，速公就寢，而己亦退歸臥室。趙如海見時機已至，急躍下，乘間入室，方欲撥門入寢處，忽覺稷稷有聲，寒氣逼人，知有異，急回首視之，則一索飛至，而右膝彎已被鉤住。其人猛力一抽，趙即應手而倒。其人為誰，蓋黃淵也。

初黃淵聞碎瓦聲後，即知有盜，恐驚某公，故速之就寢，己亦回室中，滅燈作就寢狀以誘盜，實則彼固未寢而伏於暗處也。趙如海未及防此，遽而入內，故為所執也。公亦驚寤，詢黃何事。黃告以故，爇火燭之，竟識為趙。蓋公與武職來往時，固曾數見其人者，因知來意，命黃守之。次日黎明，作書一通，命人押趙投送武職之轅。武職大慚，親詣某公所謝罪，前嫌盡袪。及詢趙以被執之故，則搖首蹙額，以創處相示而告之曰：「錦套索可畏也。若而人者，必山陝健兒，始克有此絕技，予非其敵也。」蓋黃淵者，雖非山陝籍人，唯其師則為山陝派有名人物，故黃亦善用錦套索。後外間爭傳某公署中有異人，無人敢犯矣。

二十五、弩　箭

弩箭之構造

弩箭一物，亦暗器中犀利無比者，發射之遠、力量之大，遠在袖箭之上。一名窩弓。其式大小不等，最大者長數尺，五人合用一弩。此皆於軍旅陷陣埋伏等時用之。其小者則為個人所用之暗器。弩之製法以木為主，而以弦角等物輔之，與弓之形狀相彷彿，唯多一臂置弓弣之中央，即兩弓淵之間，一端橫架弦上。此臂名為神臂，以其強而有力也。臂之中置一機關，一端作鉤狀，用以扣弦者，曰弩牙；一端作雞嘴形者，為弩鼻，用手捩之脫弦發矢之機也。中部之兩旁有小孔，中設竹筲釘，以橫貫於弩臂，使弩牙可以隨時上下，便於鉤弦激矢也。弩臂中空，可以置矢。矢之末端，緊接弦上，機撥弦動，矢即發射。其弓強者可射二百步；平常之弩，亦在百步以上。其功效實較弓箭為大。

箭之製法，亦以堅竹為幹，鋼鐵為鏃，與袖箭相似而略長。在昔兵家，固視此為軍中利器，而北地獵戶亦借此以捕悍獅猛虎，夜行人則用為防身暗器。今關外之人，猶多能之者。其種類名稱甚多，有飛煌弓、克敵弓、神臂弓、花裝弩等等，其實皆弩箭也，特形式而異名耳。當宋代時，且曾募集天下弩手，以成一軍也。

弩箭之練習

習弩之法，與習弓箭不同，能弓箭者未必能弩，能弩者亦未必能弓箭也。蓋物各有法，其奧妙之所在，固各自不同，亦猶善用刀者易之以槍，則生疏梗格，勢必不合；善用槍者易之以刀，則撩削失措，攻手無方也。扯弓發矢，雙手並用，以弓弣之上下左右為取的之標準。此則扣弦搭弩，固用雙手，而捩機發矢，則純用一手，以弩臂前端之上下左右為取的之標準。其練習之時，先立一靶，畫的其上。初立於一丈處練習之，至能應手中的，然後移遠數尺，如此逐漸加遠，以至百步以外，則可換一較小之的，仍從相距一丈處起練，以至百步之外。如此愈換愈小，以至能於百步之外，射中如錢大之的，應手發矢，百無一失，則用以臨敵，必能制之死命矣。此物發射時，僅須將弩機撥動，弦激矢發，不必用力。唯在上弦時，則非有相當之臂力，則拉不開也。

弩箭之源流

弩亦弓之一類，亦名窩弓，相傳為黃帝所造。其發矢不仗人力，而用機括，力強而及遠，較弓矢為尤烈，實為古代軍中之利器。蚩尤作亂，黃帝征之，戰於涿鹿之野。蚩尤所用兵刃多長矛大戟，人不易近。黃帝乃作強弓硬弩以射之，遂得平其亂。此有弩之始也，後即為軍中之利器，獵戶等則亦設弩叢莽間，以獵取野獸。唯此項弩箭，長大無比，五人合用一弩，發時不止一箭。獵戶則扣弦裝矢置於叢莽，野獸過其地，偶觸其機，眾矢立發，必為所斃。至若一人單用之弩箭，則後人就其式樣而改小者，長僅尺許耳。今北地如關外等處，善此技者，猶極多；若大江以南，則不復多見。

昔有魯人胡瑤庭者，以採參為業，每年必往關外採參，合夥而行，約數十人，類皆孔武有力者。蓋一入深山，非但防毒蛇猛獸之侵凌，且往往十數日不得出，風雨霜霰，亦非壯健者不能堪也。胡瑤庭之業此者，已經三代矣，故與塞北健兒，多所交往，而得安然入山，滿載而歸，無人敢奪其業也，唯其為人慷慨異常，友輩有所求，亦無不竭力應之。

某歲冬，家居與友輩哄飲為樂，忽門者入報，有自稱關外王和者，欲見主人。胡自思素無此友，姑命速客入，果不相識，寒暄入座，詢以來意，則對曰：「聞君今年所獲，豐於曩年，且得靈蔘，價當不貲，物來此欲乞其半數，以度殘年。蓋今歲差使不多，兒曹有凍餒憂，還望相助，以全江湖之義。」胡知為關外盜魁，稍與周旋。時眾客中有姚姓者，性最燥烈，聞言大怒，語王曰：「採參所得，何預汝事？如羡此者，關外山中參正多，子何不亦往採之，舉手投足之勞耳，何必跋涉千里而至此，效乞兒索錢醜態也，是誠不可應。」胡瑤庭急亂以他語，而謂王曰：「義士之命，某敢不從，唯客不遠千里而來，必挾長技，未知肯賜一觀否？」王亦遜謝曰：「予實無長技足以悅眾賓之目，無已其一試弩箭乎？」乃出其神臂弓，貫矢鉤弦，仰視天空。時適群鴉噪風，回翔空際，王指為眾曰：「請即射此。」言既，適一鴉啞然而鳴，箭驟發，應手而墜，如是者凡五發，殺五鴉。

胡急視之，矢皆貫喉，而死鴉之口皆大張，乃指謂眾客曰：「王義士神箭也，射得此開口鴉者，天下能有幾人。」蓋王在發矢之先，以待鴉鳴，及鳴而矢發，中喉時鳴聲猶未絕，故口張而不能抿，其間不能略遲速也，江湖上稱為開口箭，推為射法中之絕技。胡瑤庭於是速客入室，奉酒為壽，留之信宿，乃出八百金予之，始稱謝而去。次年復至關外，與向所交好者言其事，始知王和者，實一巨魁，技高無與抗衡者，而弩箭猶為其生平愛好之物，故出入恒以自隨，宜其能射開口鴉也。

二十六、緊背花裝弩

緊背花裝弩之構造

緊背花裝弩又名緊背低頭花裝弩，亦稱為背弩。其構造完全與手用之弩箭相同，但形式較小，唯多繩索三條，二索分左右，繫於兩弓淵之上，結之使成圈形；其另一索則繫於弩機之上。其用法則縛弩使平貼背上，左右二繩圈套於兩肩，其繫於弩機之繩，一端則繫於腰帶之上。弩臂之出口處則向上，靠於封口穴，用時貫矢於臂，扣弦於弩機之上，人但將上身向前一躬，則繫於腰間之一繩，必因腰背兩部之震動而向下拉引，觸撥弩機，弩弦離線，激箭發射。故發箭必須躬腰低頭，使箭從後頸處射出也。此物實為暗器中最不易防之物，蓋藏於衣內，發時又不用手，但一彎腰而矢已至。練成之後，實較用別種暗器為佳。

其弓身之長約八寸，弩臂之長亦如之。箭長六寸有奇，以無節之堅竹為幹，以鋼鐵為鏃。鏃形扁平，但闊度較弓上之箭為狹。至所為花裝弩者，亦不過以其外表之形式而名之，與習技之本身，絕無若何關係，蓋亦猶弓之有鐵胎，袖箭之有梅花也。

緊背花裝弩之練法

緊背花裝弩之練法，實較手用之弩為難。其取準之法，雖亦在弩臂，但司此弩臂之前後左右者，彼則在發弩之手，而此則完全在於頭頸。蓋以弩臂之出口，既緊貼於對口穴處，更不能以他部左右之，然欲靠頭頸之力，左右弩臂使能對準目標，發矢中的，則其難可知矣。練習之時，先用對徑一尺以外之目標，就三四步相距處練習之，以頭對準其靶，然後躬身低頭而發箭。練至矢無虛發，然後更加遠少許。練至相距十五步處，亦能命中，則可收小其目標矣。

以此緊背花裝弩射近身之敵，故不須多遠，且路遠之後，箭必斜上斜下，不易命中。逐漸收小其目標，至能射錢大為止。此係步，為立直發矢之法。更進一步，則練跪拜發矢之法。即在距靶三四步處，向的跪拜，宜先將兩腿跪下之後，再躬身下拜，亦以頭為取準之具。

初練時路既近而的亦大，以後逐漸移遠，至十步即可換靶，逐漸將的收小至錢大之的，亦能於一跪拜間發矢中的，則其技大成，可藉以攻人之無備矣。唯予所述者，止就其成而言，至若曲盡其妙用，則非禿筆所能形容，全在學者之闡發領會，而熟能生巧，至有相當程度時，必可隨心如意，而具左右逢源之妙矣。

緊背花裝弩之源流

花裝弩一物，實始於宋時之弩團。考《宋史・兵志載》，諸路行保甲，司農寺請令全部二州土丁弩手弩團，與本村土人，共為保甲。又《宋書》載，募天下弩手，不問所從。於此可見弩箭在宋代之盛行矣。有山西徐氏者，本為山中獵戶，以弩箭之技世其家，其技之精為一省冠，唯不以傳人，至徐亮臣時，已四代矣。亮臣本家傳之學，益以智慧，技尤在其祖若父之上，乃苦心孤詣，求所以改善之道，窮十數年之心力，始克發明此緊背低頭花裝弩及踏弩。時適徵募弩手，亮臣應募往，為弩團之長，盡出其技以傳人。所部可分三等，視其人之才力而授以各法，最下者則授以平常之射法；次則出其家傳手弩之法而授之；最上者則除其家傳手弩之外，更益以其手創之緊背低頭花裝弩及踏弩而授之。上級者僅二十人，中級百人，最下者數百人，技皆可觀。由此世代相傳，而緊背低頭花裝弩之法，隨盛行於世，直至現在，晉豫健兒，猶擅此技者，良以其便利隱藏，諸多可取也。

昔者斗子徐貴曾為予述一事，頗饒興趣，雖確否未可知，顧以徐之老成持重，當亦不虛也。徐謂有一俠士，以技鳴於時，群咸推長之，在江湖數十年，以敦睦為主旨，從不與人較短論長也。在同輩之人，猶知其絕技而不可侮，而後生小子，則以為某固無能，徒以浮名見重。其虛懷若谷處正所以自藏其拙也。某雖時聞此種語言，顧亦不以為意。

一日途經並州，投宿逆旅，忽聞通玄觀道士名魯道成者，雄霸一方，專以劫架為事，良家婦之充其後陳者，頗不乏人。是日又劫一新孀，孀固真烈，被劫必無生理，故途人咸議其事。某聞而心動，忽有自人叢中出者，語某曰：「恩叔具絕技，今日之事，當一援手。否則負數十載俠士名矣。」蓋某之乳名曰恩，其人叔之者，以行輩論也。某聞語，掀髯微笑曰：「予當勉力圖之，宜與子偕。」其人亦不辭，竟前驅，至觀徑呼魯道成與鬥，其人不能勝，受傷臥地。道成以某固同來者，亦遷怒及之，某觳觫莫名，謂道成曰：「道長，予以年邁之身，被劫至此，今劫予者已被執，亦大幸事，還祈道長憐其貧病老弱而釋之。」道成不應，則又曰：「小老當叩首乞命矣。」時受傷者雖臥地，顧猶清醒，見其狀，嗤為怯，視之則某竟迎魯道成而跪拜，方欲叱其貪生怕死，忽哧然一聲，頸際射出白光一縷，徑奔魯道成之喉，狂叫而倒，僵斃地上。某始緩緩起身，撲去膝上之塵埃，徐從懷中出藥醫傷者。嗚呼！受人一拜，而遽喪厥生，亦可見受禮之難矣。

二十七、踏　弩

踏弩之構造

踏弩為馬戰所用之一種暗器，其製法完全與手弩相同，唯形式較花裝弩為尤小，蓋藏置於踏鐙下之器，發時以足不以手。弩臂上亦有一繩，緊縛臂於馬踏鐙之下，更以二繩繫左右弓淵之上，一端則縛於踏鐙之耳環，臂口向前，弩機在後，弩機之上，亦有一繩縛之，其另一端則縛於人之腳脛，用時但須將腳向後一踏，則繩震弩機，弓弦立脫，而箭亦於以射發也。此種暗器唯乘馬者可用，若步戰之人，則無法使用此物矣。古代馬將，利用此種踏弩而制勝者甚多。自馬戰變為步戰之後，此物竟漸無人過問，間有一二鏢業騎士習之，以備萬一，然亦僅見。關外一帶，人皆善騎，馬戰之風，尚未盡滅，故略較關內為多，至於長江以南，欲覓一善於踏弩之人，恐不易得也。

踏弩之練法

踏弩之形式，既與手弩相同，而其發矢取準之法，雖有用手用足之不同，然終不脫以弩臂取準，鉤弦撥機而發矢也。唯司弩臂左右前後之賁者，完全在於一腳，欲矢上射，則將腳向前挺，使踏鐙斜向上，而發箭自較高。欲矢下射，則將腳向後挺，使踏鐙斜向下，而發箭自低。欲外射則轉鐙向外側，然後蹈繩發矢。唯內側為馬腹，不能發矢也。

練習之初步，則置一架，懸一馬踏鐙於其上，鐙底則裝弩如法，距架五步處設立一靶，上畫對徑尺許之紅心，人立架下，以足穿鐙中，擬準之後，腳踏發弩。如此練習，待有成效之後，即將靶移遠若干，至能於相距三十步處，發弩命中，則可將靶上之紅心收小，仍在相距五步處起練，以至三十步為度。如此逐漸收小，以至如錢大為止，則初步完畢，進而習馬上發射。在廣場上多設數靶，乘馬疾馳，至相近處則發矢射之。唯練此步，並不有若何秘奧。全在眼腳相顧，則取準自易。第一步功夫既深，則在馬上，亦不至於完全失其效用。若能用功熟習，則一年之間，亦必可成功也。

踏弩之源流

踏弩一物，亦創自宋代，與緊背低頭花裝弩，同為山西弩手徐亮臣所發明，至馬戰時代，用者極多，唯近代則習此者日少，蓋亦因步戰之故也。有陸雲鶚者，鏢局之夥友也，少年盛氣，頗自負，嘗謂江湖上固無能人也。一日適為富商護鏢抵東省，平安無所遇，卸鏢後稍事休息，即單騎而回，沿途賞玩風景，意頗自得，忽逢一少女，跨駿馬，錦鞍繡韉，緩轡而至，女豐容盛鬋，秀麗如仙，衣飾亦華麗入時，而秋波含媚，秀頰生春，尤令人心醉。陸雲鶚正在壯年，平素又好色特甚，驟覩女，疑為天仙化人，尾之而行，繼以其荏弱可欺。乃以言語逗之曰：「小妮子深山獨行，得不為虎狼所困耶？」女回首怒視以目，不語，以鞭策馬，行漸疾。陸亦緊隨不捨，且進穢辭。女遽停騎，顧而語之曰：「瞎眼賊，以姑姑為何如人，緊隨不捨，其不欲生耶？不速去，當抉眸去也。」陸猶自恃技高，微笑曰：「小妮子以姑姑自稱，予則當為姑爺矣。」女怒曰：「是真不欲生矣。」言既弓鞋一蹴，錚然弦鳴，一弩箭從鐙下出，經奔陸，陸方細玩美人之面，不及備，及聞弦鳴，欲避已不及，中左目，血出如注。而女已揮鞭微馬，如飛而去。陸亦裹創而歸。鏢局主人及同伴，見其損一目，知必有所遇，詢之，具以實告。

有知其事者曰：「然則子遇鸚娘矣。彼固飛弩天王馮玉山之女也。子損一目，尤為大幸，不則死矣。」蓋馮玉山者，固東省大俠，止一女，名鸚娘，亦任俠有父風。父女俱擅絕技，且弩法特精，凡手弩、緊背弩、踏弩，莫不精嫻，矢無虛發，故人多稱為飛弩天王。彼陸雲鶚所遇者，即為鸚娘，竟敢戲侮，宜其受弩而損目也。好色之報，自當如此，而彼以一弱女子具此絕技，信不易多得者也。

二十八、標　槍

標槍之構造

標槍又名桿子，其形式與槍相同，唯無槍纓，尺寸亦較為短小，有以鋼鐵為槍頭，以堅木為柄者；有全身皆用鋼鐵打成者，長約二尺半。

木柄之標槍，槍頭約六寸，其柄約長一尺八九寸，重約在二斤以內。其純鐵打成之標槍，較木柄者尤為短小，長約在二尺以內，而周圍亦不甚粗，形如鐵棍而銳其一端，每枝之重，約在四斤以內。此物在爭鬥時可當短兵器用。其家數亦有二十四法。若在不得已時，舉此標槍而飛擲之，又可以當暗器用，一物兩用，極為便利。

唯此物較別種暗器為長大，敵人見之，每能預防。且以其長大笨重之故，不宜多帶，最多只帶四枝。帶法用絲帶在胸背間束成大五花結，而將標槍十字花斜插於背，槍頭斜向上。用時左手則取右肩後之標槍，右手則取左肩後之標槍，蓋非如此不易拔出也。

標槍之練法

練習標槍之人，第一須膂力過人，如天生實力過小者，即不宜用此物。以此物即以木柄者論，重量亦在二斤之外，若純鐵製者，尤倍於此，若無相當之膂力以臨之，而欲賴以制勝，實不能也。練習標槍，除練二十四路舞法之外，則練飛擲。其舞法屬於武器，不在暗器範圍以內，故不贅述，茲僅言練習飛擲之法。此物與飛叉之法，完全相同，亦分正射、側射、反射三種。其握法則以一手在標槍之居中握定，虎口向柄，而掌側則向槍頭。正射即握槍平舉頂門，槍尖向前，然後猛力往後一挫，亟轉手向外擲出，以取正面之的。側射可分撒、撇二法，所謂撒者，即右手發槍而射左側之的，握槍高舉如上，但槍頭向左，猛力往右一挫，亟轉手向左發出；所謂撇者，即右手握槍而射右面之的，不必高舉，僅將標槍平置胸前，槍頭向右，猛力向左一送，亟急帶回，向右射出。至於反射，則槍向後，或從肩上發出，或從脅際發出，發時須略扭身向後，先將槍猛力向前一送，急帶回向後發出。

靶子宜用土垣。練習次序則先練正射，然後撒撇，終於反射。每種射法，皆自五步處起練，至五十步為止。如能在五十步之外，信手發槍，無不命中，則技大成矣。以用射人，中者必穿胸洞腹而死，蓋槍重力足，即極厚之棉衣，亦能穿過，無法抵禦也。

標槍之源流

標槍一物，實創始於野蠻之民族。蓋苗人居深山之中，與外人隔絕，所恃以自活者，唯山禽野獸，及野蔬果品之屬。因欲獵取禽獸，勢必有一種器具，苗人智識又極陋劣，不知用強弓硬弩之法，唯有削木為桿子，飛擲以刺取禽獸，故標槍又名飛桿子。苗人以此種武器，日必數用，熟極巧生，欲取何物，信手發出，無不如意，即至小之物，亦能命中，久而久之，此飛桿子之事，竟成為苗人特有之長技。迨後熟苗與外人漸同化，互相交易，相處既久，此飛桿子法，亦傳於外，顧武術界病其長大不靈，木尖又不甚銳利，乃減短而易以鐵頭，或竟用純鐵打成，而成為現在所用之式樣，名之曰：標槍，實則苗人飛桿之化身也，又演為二十四法，用作武器。至苗人原來所用之飛桿子，長約三尺以外，更笨重無比也。今閩粵派武術家尤其多能之。此物但須兩臂之實力充足。練習本非難事，一二年間，即可望有成。

程鋮者，本皖省之歙縣人，幼隨父商於閩粵。侯官林達仁者，本有名武師，見程甚愛之，語其父曰：「此子駢脅而圓腰，身短小而堅實，有熊虎之姿，使學技，將來當有大望。」程父即命從隨林學。林視如己子，悉出其技以授之，略不自私。六年而技成，尤善標槍。

時值太平軍起，天下騷然，程鋮竟投彭玉麟軍中充十夫之長，所戰輒先，標槍發無不中，屢喪敵將，積功由十長而副將，於小孤山一役，尤著奇功，竟升總兵。及事定，程謝歸田里，不預外事，唯在春秋佳日，薄遊山中，挾其殺敵無數之標槍，獵取禽蟲以為戲，後其子孫等遂皆以武功著名於時。

二十九、袖　炮

袖炮之構造

袖炮亦為袖中所藏之暗器，其製極古，形式則與弩相似，亦與弓上加一臂，裝有機關以發石擊人者。其臂為方筒形，一端架於弓弣之上，兩側皆有一細小之槽，長與臂相差少許，弓弦即橫貫其中，因此槽之關係，可以上下移動。臂之中部則為炮堂，用貯炮子。臂之後部為弩機，半裝於臂之外，即用手鉤撥之處，其另一半則嵌在炮之末端，為扣弦之具。炮堂為一圓槽形，並不寬暢，四圍大小，僅容一子，子即安於弦上。唯炮子在長度之內，可以疊置若干，並不限定為一子。

此種弩橫側約六寸，臂長約七寸，藏於袖中，用袖鉤四面搭住，用時僅一撥弩機，石子即陸續打出。炮子以堅實之石為之，如用天然生成之石卵則更佳，其大小約如指面，發射時其力頗足。

唯此種暗器，攜帶不及袖箭之為便利，蓋弩之橫側，所占地位極大，非寬袍大袖者不能容，而普通夜行之人，其裝束類皆短衣狹袖，取其輕便，則無法可以帶此袖炮矣。

袖炮之練習

袖炮之形式，既如上述。其效用雖極大，而攜帶頗感不便，故練者較少。至其練法，則與袖箭大同小異，蓋皆扳機發矢，從袖中取人者。

唯一則用矢，一則用石；一則利用彈簧，一則利用弓弦耳。若言取準之道，袖箭則完全在握筒之中食二指，袖炮則完全司之於弩臂，但執弩臂，使其口擬定所欲取之物，然後撥機發石，自能命中。

唯在撥機之際，其力宜貫注，使弩固定，不可稍有震動。蓋手若稍一震動，則弩臂亦必因之而搖搖不定，所發之石，必難冀其中的，此所謂失之毫釐，謬以千里者是也；在發石處只須高低一二分之微，及至目標所在處，則必高低至一二尺之巨。是在學者必須注意者也。

練袖炮之靶子，亦宜用土垣。先自距靶二三丈處起練，因此物發石，完全仗機關之力，取準亦較以手發之各種暗器為易，故起手時即稍遠亦無妨也，以後逐漸移遠，以至弩力竭處為止（即如弩能及百步者，即練至距靶百步為止也）。其目標自對徑一尺起，至錢大為止。其炮子則自一丸起，至六七丸為度。蓋以子愈多而發勁愈減，著物之力，亦愈薄弱也。練習袖炮，如能勤下工夫，則一年之後，必能百發百中，用以臨敵，亦甚銳利。

袖炮之源流

袖炮一物考，其源流亦在宋代。弩團既盛行於其時，材技之士，應運而生，乃於此道精益求精，發明種種不同之武器矣。按《宋史・兵志》所載，嵜嵐軍別置床子弩炮手。此所謂床子弩炮者，即今袖炮之所由仿也。嵜嵐縣本屬山西，隋置為鎮，唐改為嵐谷縣，宋置嵜嵐軍，按此則弩炮一物，實創自山西，而發明緊背低頭花裝弩及踏弩之徐亮臣，本為山西人，故疑此物亦為徐所手造。

宋代之弩炮形式較巨，後人乃援其法而縮小之，改為袖炮，以為江湖流傳之暗器，山陝派武術學者尤多。同州蔣昌俊者，以武世其家，在清涼寺學技者歷十餘載。

清涼寺固少林旁支，以武術著稱於世者。其師慧定禪師，本此中高手，見蔣為人謙和有禮，絕無驕矜誇張之氣，甚愛之，悉以其平生所學授之。故凡少林家法，蔣無有不能者，袖炮之技，尤稱獨絕，非但以百發百中，且能一手上弦，一手入子，發時指揮如意，可隨意移動，弩口所指，必無虛發，而疊子六七枚，發出時固如貫珠，竟能取幾處不同之目標。此等技術，世無能者。

後挾技遊四方，至湘之平瀏交界處，忽誤入盜窟，為群賊所困。蔣亦素知平瀏之人，皆擅技擊，欲一覘之，倚壁而待，盜眾攻之急，則左右走避，徐即以手按袖炮，擇其為首者數人擊之，石發而應手倒者共五人，且皆洞其左肩巢。盜稍怯。蔣又舉手擬之曰：「不速退者，即飲此彈丸。」盜竟散去，蔣卒無恙。

三十、軟鞭

軟鞭之構造

軟鞭一物，亦武器而兼為暗器者，極為猛烈，中人每致重傷，且不易抵禦。鞭或以鋼鐵打成，或以熟銅製造，分為若干節，每節長約四寸，兩端皆有鐵環，環與環互相銜接扣住，節節相連。

其上端一節為鞭頭，其形與鏢相同，亦尖銳鋒利，蓋即用以刺人之具也。末一節為鞭把，即為我人握手之處。

鞭把後面亦有一環，環中貫繫一索，即為千斤套腕。鞭以九節者為多，亦有用十三節者，則每節之尺寸略短。至其形式，亦等等不一，有成方柱形者，則名為四棱鞭；有圓柱形者，則名為竹節鞭；更有三棱六角等式樣，而名目亦因之而異，此皆於鞭法之本身，並無若何關係者，可不必斤斤較量。

質言之，但以其節數冠其首，如九節者，即稱為九節鞭；十三節者，即稱為十三節鞭可耳。帶鞭之法，將鞭盤繞腰間一匝或二匝，而將鞭頭套於千斤套腕之中，向盤處掖住，用時則抽開鞭頭，套索於腕，猛力一抽，則鞭即挺直，可以擬的取人矣。

軟鞭之練法

練習軟鞭，必須軟功純熟，能寄剛於柔，然後可以使用。否則軟鞭在手，如弄死蛇，彎曲委弱，不足為用。鞭之軟處，完全在於銜接之部，非如套索等之全體綿軟也，實為剛柔並行之器，非實力以臨之，而輔以軟功不可也。軟鞭之主力點在於鞭頭。

練習之初，務使掄舞急驟之際，能運我腕力，貫於鞭頭，如龍鬚如虎尾，活潑生動，左右前後，一唯我之意而行，始為上乘。習鞭之難，難於臨功。功夫有相當程度之後，使之極易。就舞法亦止十一種，此法詳十八般武藝，非本編範圍，故不贅。

就用為暗器擊人之法，更為簡單，即劈攔捲三法是也。

劈即抖鞭向後畫一大圈，從上擊下也。攔分左右，以取人中盤之法，右手握鞭，從右向左橫擊，是為左攔；右手握鞭，從左向右橫擊，是為右攔。捲亦分左右，以取人之下盤，捲起再回手攻人上盤之法也，右手握鞭，就地從右向左捲入，泛向上面，仍轉至右方落下，是謂右捲；右手握鞭，就地從左向右捲入，泛至上面，仍轉至左方落下，是謂左捲。能將此各法熟習之後，即用鞭為暗器，且練時亦不必設靶取準也。

軟鞭之源流

鞭為短兵器之一，其製極古。唯在古皆用硬鞭，非為暗器也，近世則通行軟鞭矣。且叩其所宗，群推尉遲鞭法為遠祖。考尉遲敬德，實為唐初名將，名恭，以字行，朔州人。隋末歸唐，隨太宗討竇建德、王世充、劉黑闥等，屢建奇功，累封鄂國公，卒謚忠武。《唐書》所載如此，未知善何種武器。唯小說如《隋唐》等，則並載有尉遲敬德善用回馬鞭擊人。按《隋唐》一書，則以《開河記》等書為根據，如皇甫君擊巨鼠等事，胥出於是，則其說亦必有所本，而軟鞭之為暗器，即謂為始於尉遲敬德，亦無不可。以近代而論，軟鞭之法，則推雁門許氏為最。雁門本古朔州地，豈敬德之遺法，猶見重於其家鄉耶。乾嘉之世，有許金山者，為雁門老武師，軟鞭之技為獨絕，人咸稱為許金鞭而不名。傳有金鞭十八法，為世所推重。曾有號稱鐵臂熊陳雄者，擅鐵臂膊功夫，名亦甚彰，以許名之遠震也，期有以折之，則己之名可滿天下，乃走訪於其家。許金山雖知其意，然猶謙禮之。陳雄固請一角，許笑謝曰：「老夫行且耄，技亦猶人，雞肋不足當尊拳也。」陳反疑其怯，不可，堅請試之。則曰：「然則不須相撲，但各出一技，以較優劣如何？」陳許之，徑出就庭中槐樹，舉臂一揮，碗口粗之樹，竟砉然中折，平如斧削。許視之笑曰：「鐵臂熊之名，洵不虛也，今當及老夫矣。」

適庭中有練習千斤閘之石板，厚可五六寸，許即徐步近石板處，舉手一抽，金鞭立出，輕輕一抖，鞭頭立向石板上射去，錚然一聲，許即收鞭盤於腰。陳視鞭頭所著處，五六寸厚之石板，竟洞穿矣，乃知許不可侮，拱謝而去。以一軟把之兵器，竟能洞穿極厚之石，則其功力為何如耶，宜其以金鞭著名於天下也。此事昔年周祥生為予述之。

三十一、梅花針

梅花針之構造

梅花針為一種口吹之最小暗器，人最不易防，發出時既無聲息。其物極纖細，非在日光中不易瞧見。唯以其纖細之故，嘬口吹之，力至薄弱，所發之地，又不能及遠，故其所取目標，亦止及敵人之雙目，以睛珠極嬌嫩而易破損。捨之以外，即中於人頭面其餘各部，亦只覺微痛，不能傷也。若以毒藥所製者，針頭上有猛烈之毒藥，見血封喉，又當別論。唯有遮蔽處，終亦不易透入也。

梅花針之構造，即用尋常繡花之針，長約一寸半，其後部一寸處，則用絨纏裹之，前端半寸為頭。每針各以絨纏數匝之後，則後部一寸之周圍，略較露出處粗二倍。然後將五針並於一處，使成梅花形，亦在後部一寸處更用絨固縛之。如此每五針為一枝，預製若干枝，藏以備用。

其發射梅花針之具，則為鵝毛管。擇鵝翼上之長羽拔下，剪取其根部之毛管，使兩端皆空，其較大之一端則向前，取針自後納入，大小須相稱，唯前端出口之處須略緊狹，則發針始有力。鵝毛管如其過粗，則針始有力，鵝毛管如其過粗，則針上所繞之絨加厚。如嫌針粗，則易較大之毛管，務使相稱而後已。有若干針，即配以若干毛管，一一納入，貯於袋中，臨事時，即可取而應用，唯毛管之長，約在二寸以上，必較梅花針為長，然後可使針之全部皆藏管中，發出時亦較為有力也。

梅花針之練法

梅花針之發射，固然與吹箭極相類，而專取極小之目標，唯吹箭每發一枝。枝僅箭頭，取的似較為難，此則每枝有五針頭，著在人身，所占地位，則較稍大，取準亦略易。唯發射之際，吹箭則有桶形之皮蟲殼可以鼓氣，梅花針則以微小之故，不能置此。兩相比較，吹箭發射易而取準難，梅花針則發射難而取準易，適得其反。

至於練法，第一步須練鼓氣，即作氣擊人之法。練有相當成效，氣充力沛之後，然後再練發射，自然勁直而足，取準不難矣。

練氣之法，另有專書，歸入武術六種之內，可購閱之。至其射靶，因針微小之故，不能及遠，如能在十五步以內取準，已非易事，如能至二十步以上者，技臻絕頂，不易多見矣。其靶用木板上畫紅心，初如盤大，人立相距三四步處練之，至能針針命中，然後移遠一步，漸至於十五步處，亦能針針中的，即將紅心收小若干，仍在相距三四步起練，漸至十五步為止，然後再將紅心收小，直要收至鵝眼錢大小，亦能每發必中，則技可用矣。蓋此針專門取人雙目為能事，故必練至能射極小之的，始克有效也。

至如用毒藥梅花針者，完全靠藥力以制人，但求針頭能透入，即足以制人之死命，故不僅限於兩眼，所練之的，能中人頭大小者已足，不必小至若何也。唯此物專以刺人雙目，已嫌其太為毒辣，若更益以毒藥，則有乖仁術矣。宜切戒之。

梅花針之源流

梅花針一物，實無可考證，不知是誰所創，亦不知創於何時，唯近代江湖上多沿用之，以意推測，當非古製，而為近時人所發明。且針之一物，本為女子刺繡之用品，疑是女子所創。蓋其纖小靈巧，亦恰合女子性情，而近世江湖，亦以女子用此者為多，唯未能證實耳。道咸間，江南陳士傑者，宦遊湘南，有某富室被盜，所失甚巨。時適有賣解者魯飛熊與其女明娘鬻技於是邑，技術甚高。富室疑彼父女所為，指控於官。官以江湖賣技者必非善類，收魯氏父女於獄，榜掠備至，迄不得供，時越一載，案卒未破。而魯氏父女，亦以嫌疑未能脫縲絏。會邑宰他調，新任即為陳士傑，閱卷至此案，喟然曰：「贓證全無，即入人於罪，適足以啟誣陷端，此風不可長也。」乃提魯父女親詢之，知非所為，命釋之。時魯飛熊已年老之身，備受極刑，已垂斃矣，泥首謝曰：「今日逢公，得雪奇冤，雖死當銘此恩德於心版。草民年老，必死。此女略能武，待稍養息，當命為公捕盜，以報萬一。若草民死者，此女亦無所歸，願公納為婢，他日若為擇一人而耦之，則祝公公侯萬代也。」既釋出，不數日果死。女請於陳，草草葬魯訖，即亡去，不知所之。

一夕忽飄然至，告陳曰：「某案係某盜所為，某人則為某盜所殺，今已皆捕置於山神廟中，願公命役提之。」陳如言，群役果以盜至，一鞫而服，於是知女為非常人，留之署中。後有巨案，女必竭力破之，以是陳治盜之名乃大著，盜亦不敢入其境。在任三年，忽丁父憂，兼程歸，途經湘鄂之交，維舟於荒僻。明娘悄語陳曰：「舟子盜也，今夜事當發，如有所聞，切忌呼噪，公毋恐，安然高臥，萬事有婢子在也。」陳甚懼，唯事已如此，但可聽諸天命，視明娘之手段如何耳。

夜深，輾轉不成寐。明娘則臥頭艙中，鼻息虎虎，好夢正酣。俄而船頭竊竊小語聲，又聞霍然拔刀聲，終而轟然一聲，一盜執刀而入。忽一縷細光，瞥然奔之，盜狂吼墜水中。明娘已一躍據艙面。時另有一盜舟至，盜十餘人圍攻之。明娘手舞雙刀與鬥，而白光縷縷，不絕自口中出，光所至處，必有一人狂呼墜水，俄頃之間，已傷七八人。群盜知不敵，天色亦已微明，皆遁去。

明娘脅舟子駕舟近市，始執付有司，而另易舟回江南。事後陳詢以故，則曰盜皆為予梅花針所傷也。抵家，請命於母，認為妹。適陳有表弟猶未婚，遂為撮合，奩贈頗豐。明娘者實一姣好女子，體甚瘦弱，雙趺尤纖削不盈握，見者皆不信其身懷絕技也。

三十二、乾坤圈

乾坤圈之構造

乾坤圈一名陰陽刺輪，亦為最鋒利之暗器。其形如鐲，對徑約八寸，其握手處為渾圓，約一握有半，居全圈四分之一，其粗亦僅盈握，其餘四分之三為扁平圓彎，與此渾圓處兩端銜接，恰成一圓圈。其扁平處闊約一寸有奇，厚約四五分，靠內緣處較厚，外緣處則較薄，然並無鋒刃。外緣上則安以鋒利無比之三角形尖刺，每刺約一寸半長，刺尖彎轉，傾向一方，累累如鋸齒。其彎轉處則又似狼牙鎚上之狼牙，銳尖薄刃，兩面皆有，犀利異常。圈之外緣除握手之渾圓處無刺外，餘均有刺，其刺每距五六分處必設一枚，共計不下數十枚，竟如機器上之刺輪，其用以制敵之處，亦完全在於此刺。每圈之重約二斤至三斤以上，此全視練習者之實力如何而定。膂力大者，分量略重；膂力小者，分量略輕。然最重不得過四斤，最輕亦不得在二斤以內也。

帶圈之法，則以大小恰合之革囊，將大半圈嵌入，小半之握手處，則須露出囊外面，以便取用。取圈時宜注意於輪刺，一不小心，此鋒利之刺，往往足以自傷其手。每革囊並盛三圈，不宜多帶，蓋因其周圍大而分量過重也。此物之名稱，驟視之含有神怪之意味，其實亦僅一種奇形之暗器而已。乾坤圈以練習不易，故近時此物者，亦不多見矣。

乾坤圈之練法

乾坤圈之制人，全在於圈外之刺，鑿人固易受傷，而發圈之勁，又於摜中帶旋，圈脫手時，團團旋轉，與飛鐃發出時相同。而鐃僅借其鋒利之外緣及旋轉之力量，以銼傷敵人；此圈則以鋒利之刺，益以旋轉之勁，其著人也，竟無異木工之以鋸刳木矣，其功效自比飛鐃為更烈，不著人則已，一著人身，決無倖免。至其練法，先練習兩臂摜勁旋勁，使發圈時並不直射而出，一路旋轉而取其目標。

發圈之手法，與飛鐃大同小異，蓋彼則以三指拈鐃之一邊，向外發出；此則以一手統握渾圓之處，向外發出。亦分直破、橫破二法，所謂直破者，即以手握圈，高舉頂門，虎口向後，圈上鋸齒，其鉤向下，然後往後一挫，向前發出，從上而下，以豎頭取人也。

所為橫破者，可分為撤、撇二法，撤法自右而左，右手握圈，虎口向右，鋸齒向左，手掌翻向上，然後猛力向外一宕，轉手向左發出，以取側面之敵；撇法則反是，乃自左而右，以右手握圈，虎口向左，鋸齒向右，掌心轉向下，然後用力向左一送，亟急帶回，向右撇出，以取側面之敵。此為正面之手法，至於反身取敵，其法亦無甚大異，唯在直破時如右手握圈，則上身從左面扭轉，將圈一舉，即往下劈。

橫破之撤法，亦從左扭轉上身，將圈從肩頭上橫撤而出。如為橫破之撇法，右手握圈，身即向右旋轉，將圈從右腰間橫撇而出。學得此六種手法以後，即能用以應敵。

練習靶用土垣，亦畫一人形為的。人先自相距一丈處練之，如能應手命中，則逐漸加遠。正面直破練成之後，則練正面橫破之二法，然後練反身之直破、橫破之法，逐步而進，不可越躐。唯所用之的，不必隨時收小，以其周圍較大，且在盤旋，故所取目標較大，亦無妨也。練習此乾坤圈，加功苦練，亦須三年，始克有成。若資質愚陋之人，或練習不勤者，所費時日，又須倍此，或竟十年八年而無成，亦說不定也。

乾坤圈之源流

乾坤圈本名陰陽刺輪，後以江湖上人惑於說部所載哪吒祭乾坤圈事，強為附會，故亦名之曰乾坤圈，今則相沿習用，不復有稱為陰陽刺輪者矣。此物實始於元初。元世祖以蒙族入主中夏，武功極盛，其部將之勇，實有出人意外者。有哈沁者，善用長矛，凡敵將離己過遠，非予所能及者，則用陰陽刺輪取之，百無一失。是則此乾坤圈，實出於蒙古，元人入關，始流傳於中土者，迄今數百年，朔方健兒，猶有習之者，至南方武術界中，則不復多見此物矣。

昔有軍門湯某者，以事發邊戍，居烏魯木齊。其地風物特異，不近人情。湯時挾弓矢，率數土兵行獵以為樂，禽獸之異者，往往不能舉其名，土人雖言之，亦不能達其意。土兵除以長槍大戟相隨外，多挾乾坤圈為獵具，發無不中。力之大者，竟能以之剖虎腹，由項下至尻，裂深數寸。湯知此物之功效，乃從土兵習。湯本富於膂力，精於射擊者，得其秘訣，勤加練習，一年之後，亦竟能信手發圈，無慮不中。及後奉赦歸，常以西方事告儕輩，並盛誇土人用圈之技。眾皆以為妄，乃命縛一牛，懸其角及前蹄於梁，使作人立狀。湯立數十步外，舉圈擲之，牛狂吼數躍，竟腹裂而死，人始知此物之為利器。此事在康熙初年，湯退隱田園時，即以此授子侄，漸傳播於外。湯為蒲郡人，後其地之以乾坤圈著名於時者，頗不乏人，而江湖間遂又多此一種暗器矣。

同光之際，山東嶧縣有綠林首領符天爵者，善各種武術，尤精於乾坤圈，故人多稱之為八臂哪吒。嘗夜行過曠野，其地固叢葬之所，忽睹一物自遠而至，兩睛有綠焰，全身綠毛長寸許，閃閃發光，面目雖昏黑中不能細辨，但可見其慘怖矣。符知為僵屍亦覺膽戰，蓋素聞故老言，僵屍年久則變飛天夜叉，捨雷霆外雖水火刀兵亦不能傷。而其形正與所遇相同，故急走避。顧己為僵屍所見，急足追之，其疾如風，縱符素精夜行術，亦不逮其速。符自忖不能免，然於其束手待斃，不若試與之鬥，或猶有一線生望。計決亦反身挺刃，以待其至以刃斫之。槖槖有聲，如中木革，不能傷，而僵屍則跳擲益甚。

符忽見僵屍刀近其頭，必以手緊護項際，似懼為刀所中者，不若即圖其頸項，於是又急走僵屍追如故。符潛出乾坤圈，反顧擬其頸而橫擲之，竟斬其首，倒於地上，流黑血無算，腥穢不可聞。

時天已拂曉，符往近處村莊，以夜來事告於眾。於是村人皆負薪往，積而舉火焚其屍，以絕後患。如符天爵者，不奇其膽之壯，而一圈橫飛，竟能使僵屍之首落，其功誠非常人所能及矣。

三十三、鐵鴛鴦

鐵鴛鴦之構造

鐵鴛鴦與鐵蟾蜍二物極相似，亦為暗器中饒有興味之物。全體用鐵鑄成，身長約三寸，闊約一寸有半，頸部彎曲，頭部上昂，嘴則向前，兩翼活落，可以張閉，完全製成鴛鴦之形狀，口略張開，上下二片，俱銳利有刃，略如龍舌槍頭，唯較小耳，每枚約重六兩有奇。其胸部則完全扁平，似鴛鴦在水面時，僅見其上半身而不見其足。其舌亦活落，舌之後部緊按在一個彈簧機關之上，而此彈簧機關之後部，又有一鉤如鴛牙，通出於頸外，一絲弦扣之。弦之兩端，則繫於兩翼，翼底則有軟鋼片撐持之。在發之先，宜將兩翼用鋼片撐起，然後弦扣住頸外之機括，則舌後之彈簧，即縮頸中，舌亦隨之縮入，及至中的，則嘴部著物，全體受震，軟鋼片即滑去，兩翼因之下戢，弦脫其鉤，頸之阻礙物離去，彈簧立即暴伸，其舌亦即因之而脫離其頸而向外射發矣。故鐵鴛鴦一物，除利用其嘴刺人外，猶多一枝舌箭，其實因彈簧之射發，力道反較嘴為大也。此物非但饒有興味，而其機巧，亦非別種暗器所能及。此物以二枚為一聯，共置一鞘中，可預先上好機關，用時脫鞘即可發射。每袋置三聯或四聯，攜帶亦頗便利也。

鐵鴛鴦之練法

鐵鴛鴦一物，即膂力略小之人，亦能練習。蓋彼用嘴刺人，固須腕力。而其制人之處，尚不止此，另有一舌箭在，是則純靠彈簧發射之力，而無借乎膂力者也。其不二法門，厥唯在於練習取準而已。如取準而能無誤，則已可用以臨敵，不必如擲箭等之必兼練膂力也。至其手法，則與打脫手鏢無異，完全用一捽勁。其握法則以鴛鴦之腹部緊貼於掌指之面，頭頸約居中指之第一節處，嘴與中指同其方向，而以大拇指緊按鴛鴦之背，然後取準發出。亦有陰手、陽手、回手之分。發出時必須平直，如真鴛鴦在水面上遊動相仿，以嘴先著的為要務。如發出時勁不平直，或鴛鴦顛倒旋轉，或竟橫出，則雖能中的，亦與不中的無異。蓋嘴固不得其用，而其舌之發射，亦必旁行歧出矣，故須平直也。

練鐵鴛鴦之靶，用沙袋土垣皆可。其的由盤大而收至甜瓜大為度。而距離則自十步起至五十步為度。如能五十步發射中甜瓜大小之的，即可用以應敵矣。至此鐵鴛鴦之其餘各種手法，可於脫手鏢、鐵蟾蜍二種暗器中參看之，即能領悟，以其完全與之相同也。練習期限大約少至一年，多則二年，必能成功也。

鐵鴛鴦之源流

鐵鴛鴦之由來，亦自宋代。當真宗時雲陽白鶴館有道雲鶴者，雲遊峨嵋山，於石室中得《機輪經》一部，皆言製造各種機關物品之法，備極精巧。後雲鶴造各種袖箭傳於世，又造飛天神炮等軍中攻守之利器。此鐵鴛鴦一物，亦即雲鶴所造，故極靈巧之致。後人得其圖樣，命巧匠依其成法而製造之，用為暗器，故至今武術界尚有此物也。

以予所聞，有李生因鐵鴛鴦締婚事，甚為有趣，故附錄之，以資談助。李生者佚其名，本江西望族，幼即聰穎異常兒，稍長讀遊俠傳，慕朱家郭解之為人，乃與遊俠兒為伍。其人跅弛不羈，豐貌既都，性又亢爽，千金在手，頃刻即盡，以是從其遊者日眾，其技亦日進。凡江湖技術之士，悉置之家中，所求無稍靳，初固富有，由是而漸至中落，終以是而頃其家。然李生之技擊，亦於此得深造也。家既頃，座上客皆星散，李抑鬱不自聊，乃貨其居，以其價為遊歷之資，時年猶未及二十也。人以其身頗孱弱，貌又溫文爾雅，不知其懷絕技也。

李則除金鐘罩、鐵布衫等功夫外，劍法亦至可觀，暗器則善用鐵鴛鴦，百發百中，允稱能手。遊行抵京師，適有舊友孫某者，已貴為卿士，擁資極豐，在未得意時常托庇於李，今見其狼狽厚賮之。李亦不知謝，攜金而行，所至揮霍，蓋彼固未知江湖上之險阻也。熟意甫至魯境，已為匪人所露眼，謀所以劫之，在盜固亦未疑李之懷絕技也。至一山麓，四盜圍叱之，命獻所有，否則當死。

李笑曰：「汝曹無睛珠者耶，予若憚爾曹，亦不經此矣。」乃出鐵鴛鴦傷其一。餘三人知不敵，相與奔去，俄而擁一女子至，薄怒叱李曰：「頃用鐵鴛鴦傷人者，即子是耶？」李睨視之，女實美甚，乃徐應曰：「然。爾將奈何？」語未畢，見女一揚手，一鐵鴛鴦飛出，李亦出一枚投之，兩相迎合，砉然一聲，鐵鴛鴦之口互觸而兩舌相貫，連成一處而落於地。女再發枚，李擲擊如初，而雙鴛鴦又吻接而落地矣。女頓口若欲有言，忽聞馬鈴聲起，眾謂：「三位寨主至矣，孔子不難成擒也。」視之果三壯漢馳馬至，與女相合，圖以攻李。

李雖善技擊，然終以實力太小之故，眾寡又懸殊，竟不能持久，卒為女所擒。縛山寨，三盜欲殺之，女為緩頰始得免，及詢姓氏，則群又敬禮。蓋盜魁昔亦曾受李一飯之惠者。

遂設酒壓驚，席間女頻誇李鐵鴛鴦之技，盜魁會其意，叩李以有室家未。李微喟曰：「揮霍半生，家產蕩然，曷與言嫁娶者。」魁曰：「若是甚佳，小女年較長於君，可以為偶。」遂命設青廬而成禮也。李嘗詢女謂：「以子姣好，不類若父。」女以生平告，蓋本宦家子，為盜劫而留養，偽為父焉女者。後生居寨中彌月，約女同歸，請命於魁，亦不之拒，且厚贐之。李歸賃廡以居，作小經紀以終身云。

三十四、鐵蓮花

鐵蓮花之構造

鐵蓮花與鐵鴛鴦同為裝置機關之暗器，唯彼則為脫手之具，此則為帶繩之器耳。蓮花為並頭形，二蒂併合一處，如未發之苞，唯居中有離開之縫。苞之兩側，皆作棱起之銳刃，頭部極尖銳，完全是一荷苞。長約三寸，上削下豐，最豐處約二寸有奇。末端有一環，則通於內部之機關，蓋苞之內部實空，而裝置一種彈簧機關，而加一橫栓於上，彈簧即縮短，苞亦兩面併攏，其橫栓即通於外面之環上，但將環一擰，栓立脫去，而彈簧失其管鑰，立即向兩橫暴伸，將荷苞猛力撐出，荷苞之背，原有棱刃，即可借此以剖物矣。

環之上則繫以繩，長約一丈二尺。荷苞約重十二兩。繩以頭髮雜熟絲製者為佳。繩之末端亦有千斤套腕。此物取的之處，固在乎銳之荷苞頭，用以擊人，極易刺入。而刺入之後，發此鐵蓮花者，僅將繩往回一擰，則栓脫彈簧暴伸，荷苞亦因之怒張，被中者之創口，亦必因之擴大。蓋苞背有刃，向外一張，人身之筋肉絕不能禦也。

鐵蓮花之練法

鐵蓮花之練法，略與發流星鎚相似，唯彼則以一手統握鎚頭，此則以大中食三指拈住鐵蓮花之最後一部分，蓋一把統握，手觸其棱刃，必致自傷。發射之勁完全在於腕部，不僅發鎚之靠膂力也，發此鐵蓮花亦專用一手。如為善用右手者，千斤套腕亦加於右腕，不似繩鏢之兩手並用也。手法則完全在於一個捽字上。側身發之，最為相宜。若正發則不易著力矣。

亦有撒撇二法。以沙袋或土垣為靶，上畫一圓圈，約如盤。練者立相距五尺處，先練撒法。如為右手發蓮者，則身側立，左肩向靶，三指拈住鐵蓮花，虎口向上，掌心向內，猛力向後一挫，急向側面捽出。次練撇法，如用右手發蓮者，人側立，右肩向靶，必須轉腕使尖端向右，然後猛力向左一送，即轉手向右發出。但發出之後，手即接繩，待鐵蓮花中的之後，急須將繩一抽，使其內部之栓，可以脫去也。

自五尺處起練，以後練有成效後，即加遠一尺，以至一丈二尺為止。然後再將的逐漸收小，以至能中碗口大小之的，即可用以臨敵矣。大約成功，亦須在二年左右也。

鐵蓮花之源流

鐵蓮花為明代巧匠周和所造。周本習鐵工，又能武事，竭其生平心力，創造此一種暗器，視為傳家之寶，秘不示人，竟為傳子不傳婿之法，及至清代周尚德，以無子女之故，乃傳其門弟子鄒崇岳、徐世法等五人。茲五人者，皆為有道君子，非挾技凌人之流。其後此五人又各擇弟子中之有道者而傳之，此鐵蓮花一物，始普遍於全國。

江南許省三者，亦以此成名。許省三本世家子，以讀書困頓場屋，未克展其才，乃棄而為行賈，顧以江湖險惡，步步荊棘，非有一二防身之技不能涉足其間，乃從華成章學技擊。華固徐世法之三傳弟子，技絕精。許省三雖文人，亦孔武多力，壯實異常人，深得華之契重，盡以所學授之，鐵蓮花一種暗器，尤指撥詳盡，三年技大成。

即往來南北，經營商業，南方土產則運而售之北方，即以所得資，反北方之土產而歸南，一轉手間，沾利極多，數年之間，遂成小富。顧其往來頻數，初無意外是亦彼幸運耳。

某歲將闌，風雪載途，許省三又挾重金自北南歸，迷路入深山，天暮腹饑，苦不得止宿之所。忽一騎馳騾而至，上一老人睨之而笑。許省三方徘徊歧路，見老人貌頗慈祥，亦不虞有他，竟與為禮，並叩以止宿之所。老人笑曰：「此去二十里外，始有客店可投宿，天暮不及至矣。老夫家距此頗不甚遠，幸有餘屋，可供棲止。客如不嫌道行者，盍同往，明日再上大道亦得。」

許感謝莫名，竟從之去，抵居，屋宇頗多，壯漢數輩，方哄飲於室，見老人皆與為禮，又詢許為何人。老人以隱語答之，不知其意。而壯漢等亦邀二人入座飲。許正饑，驟得食，欣甚，狂飲如鯨吸海，醉飽後，老人即導入屋，頹然就睡及醒，則手足已被縛，始知中計。而老人及壯漢輩，正議處置之法，或言殺之滅跡，或言委之山谷以食虎狼，眾議紛紜，莫衷一是。而老人則謂：「宜搜其身，或金銀猶有隱者。」壯漢等奉命搜其衣袋，忽得鐵蓮花。老人睹此物現驚異狀：「斯人有此，必同門中人也。」詢其師為何人。許具以告。則曰：「然則子猶為予侄輩也。予與汝師實從一師，今不相聞問者久矣。子歸見之，為我道思慕也。」乃釋之，並歸其金。許歸江南，謁成章，語以此事。

成章喟然：「此人本予師兄，名馬英，當年因彼誤入綠林，故與絕交，不圖至今猶作盜也。雖然見物而思人，尚有香火情耳。」許以一鐵蓮花之微，竟得全一命，亦可謂幸運兒矣。

三十五、飛 劍

飛劍之構造

飛劍即用小劍飛擲，以刺取人物也。其形與兵器中所用之相同，唯縮小若干倍耳。劍身長約七寸有奇，前端成銳利之三角形，名曰劍頭。兩面皆薄而鋒利，是名曰刃。末端有圓形之護手，是名曰盤。劍身中間，兩面皆有棱起之處，實則為脊。盤之後面，即為握手之處，名曰莖。莖之末端，繫有一環，此名為鐔。劍頭長半寸，兩刃各長四寸半，闊約半寸。盤周圍一寸，厚二分有奇。莖長約二寸，粗約半寸。鐔極細，其周圍不及半寸，每柄飛劍，計其重量，約在五兩左右，較諸平常所用之劍，約減小五倍以上。其攜帶之法，與飛刀無異，亦以六劍為一排。每一鞘則分為上下二排，共為十二柄。鞘以革類製成，或以鯊魚皮製亦佳。旁側各繫一帶，緊縛肩背間，須略帶斜，使劍柄向左肩斜上。此係利用右手者；若用左手者，則須反此而行，使劍柄向右肩斜上矣。如此帶法，無非取其臨事之時，抽取便利而已。

飛劍之練法

飛劍之練法，與飛刀相同，手法只取陰手，發劍全在捽勁。以一種手法，而欲取無數不同之目標，其事固非易易。發時手宜略高於的，發出始易中，不能如鏢箭等之取直線也。飛劍之靶，以木為之，畫盤大紅心於其上。練者立一丈之外，握住一劍之把，順手向前捽去，劍頭約較的高一寸，更自驗其不能中的之故，而加以改正，大約終不外乎過高過低，偏左偏右耳。至能每發必中，則移遠數尺更練。唯距離愈遠，發劍時之劍頭，較的愈高。至能在百步處每發中，則將的收小一圍，再從一丈處起練，至愈收愈小，如錢大為止。

然後更一人面於木板，五官七竅皆全，先刺其耳，繼刺其鼻，繼刺其目，終而刺取其面上各穴道，如太陽、山根、眉心等等，亦能應手適心，百發百中，則技已大成，用以臨敵，穩可取勝。餘如手法之變換，距靶之遠近，要在練習者之專心體會，闡幽發微，則熟能生巧，自然變化無窮。但手法終不離乎陰手，發劍終不離乎捽勁，距離亦至多百二十步耳。用心參悟，勤勤練習，則三年之內，定可成功。

飛劍之源流

飛劍一物，實始於唐。《劍俠傳》所載之飛劍取人事，純係劍術，為內家之一種運氣功夫，非予所謂用作暗器之飛劍。按玄宗時，撫州有葉法善者，字道元，隱於松陽卯酉山中，傳陰陽卜筮符咒之術。玄宗念楊環，葉法善曾以術致其魂魄，以是從公卿遊。《開天傳信》記載：「葉法善有道術，一日與朝士會玄真觀，忽一人叩門稱麴秀才，未及延見，已突入座中。少年美風姿，語論不凡。葉飛小劍擊之，應手墜地，乃一酒榼，中有美醞。」

按此節所載，擲小劍擊之一語，則明明是今日暗器中飛劍，而非劍客所練之飛劍矣。故予謂此種飛劍之技術，實創自葉法善。葉以一代知名之士，而此事又盛傳於都下，甯無人仿而效之耶。

清代某省有名捕何某者，擅此技，能以小劍百步內刺禽蟲，無不應手而中，借此以捕盜，頗不虞有失。後以年老，退卯家居，凡有疑案，群捕皆乞其指點，所言皆奇中，以是何班頭之名甚彰。某歲忽藩庫失銀無數，且不止一次，官勒限嚴查，卒無端倪，群捕受比苦甚，乃商諸何。何亦不知，但言敢數劫藩庫，其人膽固大，而技亦必高，須加意焉。眾請其助，則曰：「老夫行且古稀，精力已衰，不復能如少年時矣。」不允。捕言於上，謂此事誠難辦，且一無線索，非何班頭出，則無人能使水落石出也。官即以命何，何不獲辭，顧亦茫然無端倪，不知從何著手為是。繼思藩庫失金至巨，必非一二人一日所能盜。此等秘事，當亦不至糾眾而來，是必賊人時至庫中，每日盜去若干耳。若是則可伺於要道，俟其更至，設法擒之。計既決，則於夜間在藩庫左近巡行，數夕無所得，中心焦灼，無所為計。至第五夜，則方伏院中，忽見一黑影閃入藩庫。於要道伺之，半晌而出，急飛劍射之，一中其脛，一削其頂。賊負痛狂奔，何亦尾之，至都司署忽飄然而下。何知必在是。次日即以告上官，乃令都司面詢。都司忽稱疾，命撫標兵往搜，庫銀具在，而中劍者，即都司也。案遂得以大白。

三十六、鳥嘴銃

鳥嘴銃之構造

鳥嘴銃實為火器中之一種，借火藥之力以發彈，射發之遠，力量之大，遠非別種暗器所能同日而語，與鳥槍同其功用。以鐵鑄成一管，長六寸，周圍約如拇指粗細，管之內部有法郎旋。管厚約三分，頂端一口，名為銃門；末端則為桶狀物，加木柄於其內，為握手之處。向上之一邊，距柄約一寸處，則有一線香眼，直通入管之內部，是名為藥門，其子彈則用細鐵珠，與今鳥槍中所用者相同。以鐵珠雜於火藥之中，用竹管超之，由銃門灌入堂內，每堂藥約一兩，鐵珠約二十粒，多則恐其炸也。砧之使結實，更以紙少許，塞結於堂內，用長約寸許之藥線，在裝之先，由藥門中插入，用時將火燎著藥線，使火種傳入堂內，藥著火而炸，則子彈從銃口出矣，發射可及二百步。

用此物者須備一水牛角以盛藥，一袋以盛鐵珠藥線等物。二竹管以貯火繩。火繩預先燃著，冒於竹管之內。平時不燎，用時拔出臨風晃即燃，蓋亦用藥物所製者。此器獵者多用之。

鳥嘴銃之練法

凡用機括發射之暗器，如弩與袖炮、袖箭等物，其取準較易。鳥嘴銃雖不用彈簧等機括，然以火藥轟炸之力而發彈，且鐵珠多至二十粒左右，取的之範圍，勁弱者亦有盤大，勁強者竟如栲栳口大，故其取準也，較之袖箭等物為更易。但灌彈藥於堂，砧之使結實，舉火燃藥線，以銃口擬欲取之的，發無不中，初無需乎加功練習也。

唯有一事，則為用此器者所必須注意，即防其後坐之力也。在火藥轟炸子彈出口之際，則有極大外拔之勁，如有人握其銃而前拔者，迨子彈既出口之後，則此外拔之力，即向後猛坐，力量極大，若不預防，甚或自傷。且在子彈將近出口之際，因此外拔之力，若非有絕大力量握銃，則銃即震撼搖動，取的必不能準確。若能使銃不動，則取準極易。

發銃時以右手固握其柄，以銃口擬定所欲取之的，以左手執火繩，迎風晃之使燎，點其藥線，火由藥門傳入堂內，火藥被燃立即炸發，而子彈即從堂被炸力轟發矣。

鳥嘴銃之源流

鳥嘴銃一物，實始於明中葉，為軍中所用之利器，亦開火器之先河，後之鳥槍等，皆源於此。《明史・兵志》載，鳥嘴銃為軍中所用火器，以鋼鐵為管，以木橐承之，中貯鉛丸，所擊人馬洞穿。可見此物在當時之價值矣。唯時至今日，火器昌明，軍用品之銳利，且有十百倍於鳥嘴銃者，故此物亦竟因此失其昔日之價值，而成為一種廢物矣。然在明代，則軍中攻守之具未精，其視此鳥嘴銃，亦不啻今之視機關槍、迫擊炮也，而獵戶等亦用以獵取猛獸，其功效實在於弓弩之上。

汾陽俞歷者，山中獵戶也，善用四眼銃，虎豹之死其銃下者，不可以數計。所謂四眼銃者，共有四管並列，每管外側，如有一火門，可連發四響，即今江南喜慶中炮手所用之銃。一日方伏山中，忽一虎至，發銃擊之，不中，再發僅中其足。虎負痛狂吼，直奔俞，相距彌近，正張口欲噬，而俞之第三銃發，竟迎頭痛擊之。虎倒斃，其首被擊，已如蜂巢矣。幸俞之銃為四管若僅一管或二管者，必斃於虎爪牙之下矣。今火器昌明，即山中獵戶，亦捨銃弗用，志之聊以備一格耳。

國家圖書館出版品預行編目資料

練打暗器秘訣／金倜生　著
——初版——臺北市，大展，2016［民105.07］
面；21公分——（老拳譜新編；27）
ISBN 978-986-346-120-3（平裝）
1.器械武術
528.974　　105007625

【版權所有・翻印必究】

練打暗器秘訣

著　　者／金　倜　生
責任編輯／王　躍　平
發 行 人／蔡　森　明
出 版 者／大展出版社有限公司
社　　址／台北市北投區（石牌）致遠一路2段12巷1號
電　　話／(02) 28236031・28236033・28233123
傳　　真／(02) 28272069
郵政劃撥／01669551
網　　址／www.dah-jaan.com.tw
E-mail／service@dah-jaan.com.tw
登 記 證／局版臺業字第2171號
承 印 者／傳興印刷有限公司
裝　　訂／眾友企業公司
排 版 者／千兵企業有限公司
授 權 者／山西科學技術出版社
初版1刷／2016年（民105年）7月

定　價／250元

●本書若有破損、缺頁請寄回本社更換●

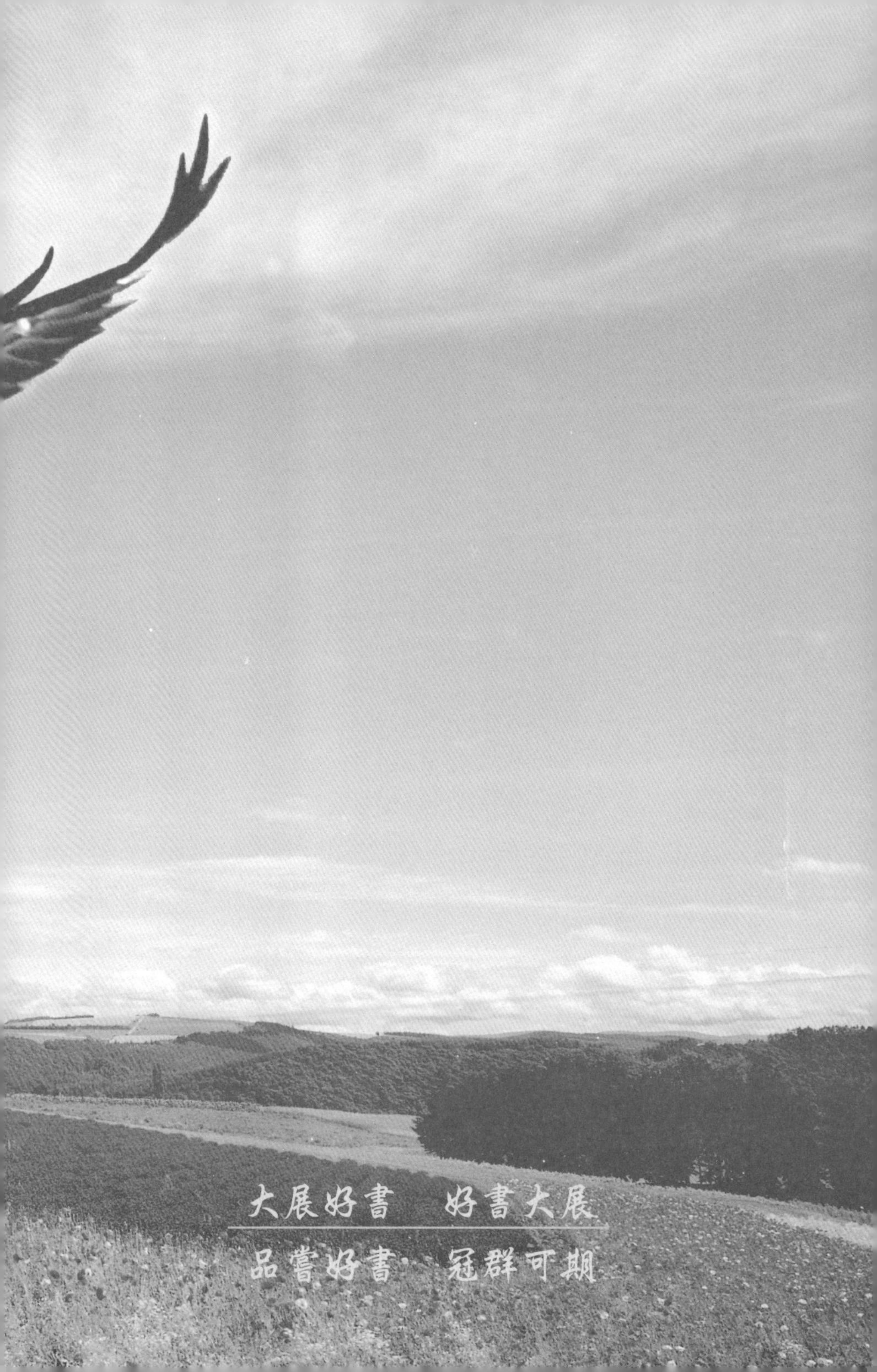
大展好書　好書大展
品嘗好書　冠群可期

大展好書　好書大展
品嘗好書　冠群可期